「関係人口」創出で地域経済をうるおす

シティプロモーション 2.0

―まちづくり参画への「意欲」を高めるためには―

河井孝仁 著

第一法規

は　じ　め　に

　本書はマンガ作家のこばやしたけしさんと私が合作したもの
だ。実は、こばやしさんのマンガを読めば、それだけで十分な
書籍だといっていいかもしれない。

　とはいえ、私も、ここ10年ほど、シティプロモーションにつ
いて考えてきた。『シティプロモーション　地域の魅力を創るし
ごと』（東京法令出版、2009年）は日本広報学会で教育・実践
貢献賞を受け、シティプロモーションという考え方の草分けに
なったと自負している。

　その後、『シティプロモーションでまちを変える』（彩流社、
2016年）、『「失敗」からひも解くシティプロモーション―なに
が「成否」をわけたのか』（第一法規、2017年）を多くの助力
を得て出版した。

　この時期、多くの地域は様々な課題のもとで苦闘しつつも、
地域に関わる人々の持続的な幸せを維持し、つくりだしてき
た。その間、地方創生という、十分に意味が把握できない、イ
メージが先行した言葉が生まれ、むしろ地域の自立が失われて
きた。

　そして今、新たに「関係人口」という言葉が喧伝され、地域
の課題を解決する特効薬であるかのような扱いをされることも

ある。私も、今までの定住人口獲得に偏重した発想ではない、地域への関係・関与ということに着目した「関係人口」という考え方に期待している。

しかし、「関係人口」という考え方は、まだ幼な子のようなものだ。これから、周囲が手をかけ、支えつつ成長を促し、その上で力が発揮されるものだろう。

ところが、せっかくの新しい突破口をつくろうとする「関係人口」という発想を、十分な定義や支えもなく、まだ幼いまま性急に働かせようとする動きが少なくない。これから成長しようとする考え方を、即座に活用しなければならないほど、地域の危機は深いとも考えられる。

本書は、そうした現状認識のもと、私が提起してきたシティプロモーションという考え方で支えることによって、「関係人口」という考え方を成長させることを企図している。これによって「関係人口」が、一日でも早く地域の危機を救う働き手となることを期待している。

こうした考え方は、離れたところにいながら、こばやしさんが共有していたものでもある。こばやしさんの代表作『地方は活性化するか否か』（学研プラス、2015年）は、私にとって、大きな道標ともなった。今回、こばやしさんとともに書籍を刊行できることの喜びは大きい。

こばやしさんには各章の、いわば予告編と、最後のしめくく

りになるマンガの執筆をお願いした。それぞれに特徴あるキャラクターたちの会話は、その後に続く文章を導き、引きたて、集約している。読者の皆さんには、こばやしさんのマンガを楽しみつつ本編も味わってもらえるなら、大きな喜びである。

2020年6月

河井　孝仁

もくじ

第4章 「意欲」は「状況」を生みだせるのか

第5章 シティプロモーション2.0

第6章　地域ブランドのアウトプットを利用したメディア活用戦略モデル

おわりに―地域に関わる人々の持続的な幸せの実現に向けて

マンガ　こばやしたけし

羽鳥 ほとり　はとり ほとり

みのり高校２年生。自分の住んで
る地域「みのり市」の現状について
何となく気になりはじめ「みのり高
校地域活性研究部」を立ち上げた。
ぼーっとした性格だが、意外とする
どい視点を持つ。

伊久澤 いくの　いくさわ いくの

ほとりの幼なじみ。思ったことをす
ぐ口にする直情的な性格。
地元を離れたい都会志向だったが、
地域のことを知りはじめたことで
どうにかできないか考えるようにな
る。愛称「いくのん」。

大泉 いづみ おおいずみ いづみ

東京からみのり市へと 10 年ぶりに
戻って来た転校生。
物静かな性格でおっとりしている
が、じつはしっかりもの。
将来はみのり市のためになる仕事に
就きたいと思っている。愛称は「い
づみん」。

峯岸 峰子 みねぎし みねこ

アラサーの社会科教諭。みのり高
校地域活性研究部の顧問。
きさくな人柄で生徒からの人望も
厚いが、怒らせると怖い。
現在絶賛婚活中だが、理想が高め
でなかなか厳しい状況である。

この4人の詳しい活躍はコチラを見てね！

「地方は活性化するか否か」
こばやしたけし著、学研プラス、2015年

第 **1** 章

「関係人口」という
考え方

地域活性
研究部

してぃ…
ぷろもーしょん
？

ひょいっ

わあっ？

あー
いづみん
ごめんごめん

なーんか
ムズカシそうな
本だねー

おどかすなっ

あ、この本
ですか？

わたし
「まちづくり」に
興味があって

将来こうした仕事に
関わりたいなぁって
思ってて

へぇー
すごいねー

ところでー

シティプロモーション
って何ー？

いや
私もまだ
読み始めた
ばかりで…

あはは…

ほとり…

なにー
いくのん？

そんなことも
知らないの？

アンタは私たち
「みのり高校
地域活性研究部」の
部長でしょ？

はぁ

それくらい
知らないで
どーするのよ！

そーいう
いくのんは
知ってるのー？

あっ
あたりまえ
でしょ！

シティ…
つまり街を
…

プロモーション
するってこと…
でしょ？

………

そのまんま
じゃんー

うぐぐ…

はぁ。

あ、えーっと
シティプロモーション
…とは…

その地域を持続的に
発展させるために

それにより
人材・物財・資金・情報
などの資源を

地域内部で
活用可能として
いくこと

地域の魅力を
創出し、内外に
効果的に訴求し

…だそうです

…うーん…
よくわかんないー

ガラッ

どうしたー？

ほー　シティ
プロモーション
か

ひょいっ

あ
峰子先生

ま、
一言で言うと

ちょっと
抽象的に
なるが

地域への「思い」を
繋いでいくもの

地域ひとりひとりの
「幸せのため」に
経営されていくもの

…という
イメージだな

「幸せのため」に…
かぁー

ぽん。

じゃあー
シティプロモーションで
みんなが幸せになれる
ってことー？

羽鳥
幸せとは…

「なれるかなぁ」、
じゃなくて

「なろうとする意思を
自覚すること」で

はじめて
得られるものだ

受け身だけじゃ
幸せになんか
なれないぞ？

おおー！
さすが年の功
ですね！

うん
うん

年の功
言うな！

キッ

じゃあ先生自身も
幸せになろうと
してますか？

あたりまえだ！

私はつねに

す。

権力と経済力
そして包容力のある
ちょい渋めの相手を
探すために

アグレッシブに
婚活中だからな？

バーン

…ガツガツ感が
ありすぎるのも
アレだよね…

…まあ幸せは
人それぞれ
ですしね…

あれ？
ドン引き
されてる？

1 定住人口偏重の罪

　地方創生に関わって「関係人口」という言葉が徘徊している。総務省の「関係人口ポータルサイト」によれば、関係人口とは、移住した「定住人口」でもなく、観光に来た「交流人口」でもない、地域や地域の人々と多様に関わる人々のことを指す。

　重要な考え方だ。これまで、地方創生では「地方消滅」「消滅自治体」などという脅迫めいた言辞が弄されてきた。その前提となる発想は、出産が期待される女性の定住人口の増減に基づいていた。その結果、自治体による「まち・ひと・しごと創生総合戦略（地方創生総合戦略）」は、専ら定住人口の獲得を目標とするものとなった。

　各自治体の地方創生総合戦略において言及されることの多い施策にシティプロモーションというものがある。シティプロモーションとは、私の定義では「地域を持続的に発展させるために、地域の魅力を創出し、地域内外に効果的に訴求し、それにより、人材・物財・資金・情報などの資源を地域内部で活用可能としていくこと」を指す。

　しかし、多くの自治体のいう「シティプロモーション」とは、そうした総合的な見地に立つものではない。知名度の向上と、それによる定住人口の獲得の手段としてのみ「シティプロ

モーション」という言葉が使われている。この点については章を改めて検討する。

定住人口は、海外からの移民を除けば、出生する人口から死亡する人口の引き算によって増減する。死亡する人口は国民の高齢化によって、これからもしばらくは増えていく。出生人口は毎年のように減少している。しかも、中央政府が、出生人口を増加させるために、弥縫策にとどまらない十分な施策を展開している節もない。

つまり、日本の人口は、急激な移民増加策をとらない限り、長期間にわたって減少していくことは既に確定している。

ところが、従前の各自治体における地方創生総合戦略では、それぞれの自治体が人口を増加、維持、減少幅の相当な低減を目標とするものとなった。個々の総合戦略が荒唐無稽であるとはいわない。しかし、ここには「合成の誤謬」がある。すべての自治体の地方創生総合戦略の目標人口数値を足し合わせれば、日本の将来推計人口を超過する。

小学生でもおかしいと思う結果である。しかし、各自治体の地方創生総合戦略は、それぞれに適切とされ、戦略に基づいた施策が展開されている。もちろん、逃げ口上は用意されている。東京圏などから地方への人口移動が行われるという画餅である。中央政府が本気で東京圏の人口を減らそうとするのであれば、インフラ整備やイベント誘致などへの重点をどこに置く

べきかは明らかだ。しかし、状況はそうなっていない。

　全体数が減少していくのだから、どうあがいたところで「すべての自治体で定住人口が増える」などということは起こらない。定住人口が徐々にでもあれ減っていくのであれば、当初の議論では、それらすべての自治体は遅かれ早かれ「消滅自治体」になるはずだ。

　結果、ほとんどの自治体で地方創生総合戦略の目標実現が困難な状況となっている。それでもなお、一部の自治体の定住人口が増加していることをもって、先進自治体と、施策展開が不十分な自治体があると述べる向きがある。

　いつから日本は、それぞれの地方がすべての責任をとる連邦制になったのか。国全体という発想がないまま、各自治体に責任を押しつける発想は、連邦制ですらない、小国家の単なる集合名詞にすぎない。

　むしろ、それぞれの自治体が小国家であるとするなら、それぞれに国家としての責任をとることも可能だろう。父権主義的に地方自治体に介入する中央政府のもとで、定住人口の獲得という不毛な地域間競争を強いられる状況に未来はない。

2　関係人口の「ゆるさ」が地方創生を可能にする

　そのことを踏まえれば、関係人口という新しい発想が地方創生という政策にとって重要な変化を生みだす可能性は大きい。

　なぜなら、関係人口は「ゆるい」からだ。

　定住人口は1つの自治体に1人しかカウントされない。しかし、関係人口は同じ1人の人間が複数の自治体に「関係」することができる。その結果、2つ以上の自治体が1人の人間を共有することができる。1＝1の厳格さではなく、1が2にも3にもなるというゆるさ。このゆるさが、それぞれの自治体の地方創生へのアプローチを多様にする。

　今まで、自治体は消耗戦を戦ってきた。出産が期待できる女性の歓心を買うために、自らの資源を費消して、ひたすらに子育て支援サービスの充実を行う。

　その消耗戦によって、子どもを持った、あるいは子どもを持とうとする女性や男性が、そのまちに転入してくる。私たちのまちは「勝利した自治体」だ。やったね。

　転入してきた子どもたちは、「勝利した自治体」の資源を費消して提供されたサービスを十分に使って成長する。やったね。

　そして10年後、15年後、18年後、成長した子どもたちは、進学や就職のために、その「勝利した自治体」を離れる。「勝利

した自治体」に、一度も税金を納めることなく。やったね
……。

最後の「やったね……」を「やったね！」にするか「やっちゃったね」にするかは、成長し、大人になった子どもたちが、離れた自治体に「関係」するかどうかにかかっている。

つまり「勝利した自治体」が、勝利したのか敗北したのかは実のところわからないということだ。定住人口の獲得合戦を地方創生と呼ぶことは必ずしも正解ではない。

それぞれの地方から東京に転出した者たちが、一定の期間後に生まれたまちにUターンし、改めて出身したまちに定住することは悪くない。地域にとっては歓迎したいところだ。

しかし、転出した者がUターン定住しなかったとしても、単なる観光客にとどまらない、地域や地域の人々と多様に関わる人になるのであれば、おそらく「収支」は真っ赤ではない。

収支といえば、東京圏の多くの自治体が「『ふるさと納税』により、『私たちの税金』が流出している」と苦情を述べている。莫大な金額だ。確かに東京圏の自治体にとって、ふるさと納税による流出と流入の収支は、真っ赤なところが多いだろう。

ちなみに、東京圏の自治体がいう「私たちの税金」を生みだしている「都民」の多くが東京圏で生まれていない。

生まれ育ち、基礎教育を受けた東京圏以外の自治体から18歳

や22歳で転出し、出生地に税金を払ったことのないまま「都民」になる。

　あるいは、今は「都民」として「私たちの税金」を払うべき人々を出産した女性や女性のパートナーの多くは、今でも東京圏以外の自治体に住み、その自治体の税金で福祉を受けている。

　同様に、東京圏の自治体に多くの税金を納めている企業の従業員の多くは、東京圏以外の自治体の税金で成長している。その親たちの多くも、東京圏以外の自治体の税金による福祉施策を活用している。

　別に悪いことではない。つまり、関係人口という発想の源はそういうところにあるはずだ。

　東京圏にある自治体と圏外の自治体がいがみ合わず、連携することが可能になる発想として「関係人口」という考え方がある。

　この国が、ひとつの国として意味を持つためにも、地域間競争という発想より地域間連携という発想が好ましい。定住人口にはない関係人口の持つ「ゆるさ」が地域間連携を可能にする。

3　関係人口スーパーマン

　関係人口は「ゆるさ」が基礎になると述べた。その意味では、現在の関係人口の議論の一部には、私としては、ちょっとした危惧もある。「関係人口」とされる事例がカッコよすぎるのではないか。

　もちろんカッコいい「関係人口」もカッコいいけれど、カッコよくない「関係人口」もそれなりにカッコいいのではないかと思ってしまうのは、私がカッコよくないからだけだろう。

　東京在住のまま島根のことを考える「しまコトアカデミー」をはじめとする、「○○アカデミー」というような、都会で地域を学ぶ人たちのグループがあったりする。こういうものを「関係案内所」というそうだ。

　すてきだ。カッコいい。参加者の多くは都市部の若者とのこと。都市に暮らしつつ、都会暮らしだけでは満足できないという人々。すごい。常に前向きに進もうとする。カッコいい。

　しかも、こうした人たちが地域に大きな変化を与える事例も語られる。地域の観光イベントを担う人々がいたり、アートキャンプを始めたり、何と「奇跡の集落」をつくった人さえいる。仰ぎ見てしまう。

　ゆるくない。

　その結果、関係人口とされる人々の数は圧倒的に少数にな

る。こうした優秀で、かつ地域への関心があって、かつ多様に活躍できる人はそんなにはいないだろう。いくらアカデミーがあっても、次々と生みだせそうにはない。地域間競争で、こうした関係人口を取り合わないといけない。あれ？

　いや、もともと「関係人口では、その数を考えてはいけない」という意見もある。だから大丈夫だ。「量より質」だ。「関係人口」はたった１人でいい。たった１人が地域をガラッと変える。ほぼスーパーマンだ。

　全くゆるくない。

　関係人口創出っていうのは、スーパーマン養成だったんだ。でも、関係案内所にいる人がみんな関係人口スーパーマンになるわけでもないだろう。しまコトアカデミーでも、全員が島根で活躍しているわけでもないみたいだし。スーパーマンになったりならなかったりするのかな。よくわからない。

　ところで、スーパーマンが地域で持続的に活躍できるのはなぜなのだろう。「それはスーパーマンだから」、なのか。それはさておき。

4 ゆるすぎる「関係人口」は説明が不可能

　もう一度、総務省の「関係人口ポータルサイト」に戻る。「『関係人口』とは、移住した『定住人口』でもなく、観光に来た『交流人口』でもない、地域や地域の人々と多様に関わる人々のことを指します」と書いてあった。

　あまりスーパーマンっぽくない。いやスーパーマンも「地域や地域の人々と多様に関わる」のだろうが、どうも、スーパーマンじゃない普通のおっさんやおばさんも入っているような曖昧な感じがある。

　つまるところ「関係人口」という言葉が曖昧なのだろう。もともと「多様に関わる」というのがどうもわからない。ゆるいのは大事だけど、ゆるすぎても困る。どうしよう。

　スーパーマンになるということは、とても強い「関係」構築だ。スーパーマンも、普通のおっさんやおばさんも同じ関係人口ですといわれても、はて、どうしよう。

　同じく国のお役所である国土交通省も関係人口が好きみたいだ。2019年5月に発表された「国土審議会 計画推進部会 住み続けられる国土専門委員会 3カ年とりまとめ」には、「都市住民が移住や二地域居住・就労、地域活動への参加等、居住地と異なる地域において関係人口としての関わりを継続的に深めていくためには、地域間の頻繁な往来を可能とする交通ネット

ワークの充実だけでなく、地域における滞在時間を十分に確保するための滞在施設の確保が必要不可欠である。週単位、月単位で廉価で滞在可能な施設を整備する必要がある」と書かれている。

なかなか難解な文章だ。

「関係人口獲得のためにも国土交通省の仕事は重要だ」との意図であろうか。「都市住民が移住や二地域居住・就労、地域活動への参加等、居住地と異なる地域において関係人口としての関わり……」ということは、関係人口とは移住者を含むのか？ 二地域居住者は関係人口だろうか？ 就労ということは他の地域に通勤している人は通勤先の関係人口なのか？ 地域活動への参加が関係人口になるということだろうか？

不明点が多くある。

時事通信社が自治体向けに発行している「官庁速報」（2020年1月21日付け）によると、その国土交通省は2020年1月に「特定の地域と継続的につながりを持つ『関係人口』が東京・名古屋・大阪の三大都市圏で推計1000万人超に上る」という調査結果をまとめたそうだ。

そこにはおもしろいことに、「関係人口の滞在時間は半日が33.3％、1日程度が21.6％と、日帰りの『非宿泊型』が54.9％を占めた」と書かれてある。観光目的ではない訪問者は、みんな関係人口だろうか。滞在時間と、地域を持続させるために求

められる「関係の質」は同じだろうか。

大事な提起だと述べた「関係人口」がどんどんわからなくなっていく。そもそも「関係」って何だろう。深い関係も、浅い関係も、深すぎる関係も、「えっ、これも『関係』？」っていう関係もありそうだ。

一度話しただけの異性から「君は僕と『関係』があるね」といわれることは、気持ちのいいものだろうか。

一方で、同居して、場合によっては法律上のパートナーとなっている異性から「君は僕と『関係』があるね」といわれても「今さら何なの」と思わないか。ゆるさが意味する「1が、2にも3にもなる」という発想や「誰でもなれる」ということを大事にしながら、「関係とはこれ」という限定をする、地域持続を可能にする「関係の質」を問うことが必要だ。

しかも、説明責任・会計責任のある自治体が関係人口創出を主導するのなら、「ゆるさ」だけでは、納税者にも市民にも議会にも説明できない。

関係人口スーパーマンは大事だけれど、何かその出現は宝くじみたいだ。宝くじとの多様な関係とかいわれてもよくわからない。

一方で、外れたらそれはそれで仕方がないという宝くじを税金で買うわけにもいかない。よく当たるという宝くじ売り場に行っても、必ず1等や2等が当たるわけでもない。

行政が関係人口を語る際には、地域連携を可能にする「ゆる
さ」を大事にしながら、その「ゆるさ」を定義する「関係の
質」を考え、さらに「量より質」という言葉に逃げ込むのでは
なく、「関係の質を定量化する」ということが求められるはず
だ。

5　3つの関係人口とプラットフォーム

　公共コミュニケーション学会第6回事例交流・研究発表大会において、木津悠穂は、関係人口という概念を3つの段階に区分して提起している。

　高度関係人口・普通関係人口・関係人口予備軍の3段階だ。その上で、木津は、「現状の関係人口事例は『高度関係人口』と考えられ、獲得人数も極めて少ない。一方で、地域に関わる人々の持続的な幸せのために働く『普通関係人口』については、『プラットフォーム』という場を用意することによって、一定程度の獲得が見込まれる」としている。

　さらに、「『普通関係人口』には自分が地域参加をしていると気がついていない場合も多く、そのままでは離脱可能性が高い。また、実際に貢献活動はしていないが、関係人口になりうる可能性のある『関係人口予備軍』への考慮も重要だ」と述べている。

　スーパーマンの重要性を踏まえた上で、その周囲にスーパーマンとはいえなくても、「実は」あるいは「無自覚なまま」地域に貢献している存在がいることを注視する。

　また、地域の人々の持続的な幸せの実現につながる、少なくとも可能性を持つ存在がいること、それらの存在を活性化させることの意義への指摘である。

　重要な内容だ。

これらの高度関係人口、普通関係人口、関係人口予備軍のいずれをも含み込む「ゆるさ」を持ちながら、それぞれの相違にも十分に着目し、「ゆるさ」としての関係人口を「ゆるすぎない」方法で規定することが必要だと考えている。

　さて、高度関係人口にとどまらない、ゆるい、しかしゆるすぎない「関係人口」は、どのように獲得できるのか。

　木津の提起に基づき、ゆるい、しかしゆるすぎない関係人口獲得のための「プラットフォーム」について紹介する。

　國領二郎は、設計可能な道具としての「プラットフォーム」の基本的設計要素を提示している。

　それは、①相互のつながり確認を容易にするコミュニケーション・パターンの設計、②参加者それぞれが何をすればいいのかが理解できる役割の設計、③参加したい・活動したいという意欲をつくるためのインセンティブ（誘因）の設計、④効果的なつながりを生むための信頼形成メカニズムの設計、⑤参加者自身の内部変化のマネジメント、の５つである。

　この國領のプラットフォーム定義を受けて、飯盛義徳は地域におけるプラットフォームを構想している。飯盛は、地域におけるプラットフォーム形成のためには、地域のいろいろな主体が資源を持ち寄ることが前提となると述べる。

　この多様な主体による資源持ち寄りによって形成されたプラットフォームの存在によって、地域において利用可能な資源

が増大し活動が広がることが期待される。

　多様な資源があることで、プラットフォームでは「新結合」が発生しやすくなる。この「新結合」は、今までになかった新しい価値をつくりだす「社会的創発」につながる。

　資源を持ち寄った人々は、自らの供与した資源がプラットフォームにおいて新たな価値を生みだすことによって、自分の存在意義というものに気づき、主体性が芽生える。

　プラットフォームという言葉を、簡単に言い換えてみよう。プラットフォームとは、何かいいことがあるから行きたい気持ちになる場所、みんながそれぞれに何かを持ち寄ってくる場所、行ってみると周りにいる人たちのことが信じられる場所、その場では何か役割があって、ぼーっとしていなくてもいい場所、ちょっとした「仲間うちの言葉」も含めて互いのいっていることがわかる場所、その場で何をするのかが大枠で決まっていて、うろうろ迷わなくていい場所。

　ここまで述べた全部が存在して、そして、その場所で何か新しい価値がつくりだされる場所。

　関係人口を創出するためには、そういう場所が必要だということだ。

　木津はこうした提起を受け、関係人口獲得を可能とするプラットフォームとして、ネオ県人会に注目している。

　ネオ県人会は、従来の県人会が年に1回など、顔を合わせる

ことで相互の確認を行うのに対し、インターネット上、特に Facebook グループを活用することで日常的な相互確認を行っていることに特徴がある。

　また、従来の県人会が高齢化しているのに対し、ネオ県人会の構成メンバーには比較的若年者の参加も見られる。

　こうしたネオ県人会をプラットフォームとして考えれば、① Facebook グループを活用することでコミュニケーション・パターンは事前に設計され、② Facebook グループの機能による管理者や称号の設定により役割が調整、設計され、③実名での参加や Facebook での書き込み確認などで効果的なつながりを生む信頼形成メカニズムが設計されていると考えられる。

　しかし、木津は、ネオ県人会には、参加や活動への的確なインセンティブの設計や、飯盛が地域でのプラットフォームにとって重要だと指摘する資源の持ち寄り機能が設計されていないという。

　結果として、資源は多様性を欠いて不十分となり、多様な資源の新結合による社会的創発は起こりにくくなり、結果として参加者の主体性は育ちにくいことになる。

　木津によれば、ネオ県人会以外にも、ふるさと納税ポータルサイトや、ガバメントクラウドファンディングなど関係人口を育てるプラットフォーム、言い換えれば関係人口養成所となる可能性としての「場」は存在する。

だが、いずれも、資源の持ち寄り機能がなかったり、資源が金銭という均一化したものにとどまっていたりするなど、多様な資源の持ち寄り機能が不足していると指摘される。

さらに、『関係人口をつくる―定住でも交流でもないローカルイノベーション』（木楽舎、2017年）の著者である田中輝美は上記を発展させ、関係人口を獲得するための必要要素として、①関係案内所の設置、②オープン性の担保、③役割の明示、④資源の持ち寄りによる自分事化、⑤信頼性のネットワークを示した。

田中らの提起する関係案内所とは、地域との関わり方を案内する機能を果たす場所・自分にとっての関わり方を明示してくれる場所になる。関係案内所は、地域のおもしろい人に会えるスポットであったりもする。

これによって、案内所を訪れた人は、地域と関係を築き、「仲間」と出会うことが可能となる。

では、どのような要素によって関係案内所は構築できるのだろうか。

田中らによれば、関係案内所に必要な要素として、①つながりの担保、②主体を「自分」にできる仕組み、③フラットな視点、④マッチング機能、⑤居心地のよいコミュニティ設計が挙げられている。

田中らの提起する関係案内所が従来のプラットフォームに接

続される、あるいは関係案内所機能を持った新たなプラット
フォームが構築されることもあり得る。

　そうなれば、資源持ち寄りも可能な、ゆるい、しかしゆるす
ぎない関係人口を獲得するプラットフォームの生成が期待され
るだろう。

　期待されるだろう……。それは本書にとってひとごとなのか。
とんでもない。

　私は木津の指摘に敬意を払いつつも、その分析には不十分な
ところがあるとも考えている。ゆるい、しかしゆるすぎない関係
人口を獲得するプラットフォームは既にある。ただ、それはひと
つの「場」としてスタティックにあるわけではない。ダイナミッ
クな一連の流れとして、プラットフォームは各地に存在する。

　そこでは、多様な資源が持ち寄られ、新たな結合が生まれて
いる。コミュニケーション・パターンが設計され、参加者の役
割が設計されている。

　信頼形成メカニズムが提供され、参加者自身の内部変化がマ
ネジメントされている。さらに、そのダイナミックな場への参
加、ダイナミックな場での活動へのインセンティブが準備され
ている。

　それはどこにあるのだろう。それはどのような形で私たちの
目の前に現れるだろう。

　お楽しみはとっておく。

第 **2** 章

「関係人口」
ネクストステージ
という提起

ま、結局は

地域の魅力を
掘り起こして

PRをして定住者を
増やしていくか
ってコトでしょ？

んーっと
たとえばー

キャッチフレーズや
ロゴをつくったりー？

最近だと
PR動画とか…

サイコー♡

ワザマチ

観光パンフ作り、
特産品の推奨とか…
イベントもそうですね

イベント
OPEN

確かに
それが従来の
やり方だったな

従来…？

先生、なんか
不満そうだねー？

はあ

まあ
それらが無意味とは
言わないが…

戦略的に
ロジックモデルと
結びつけられず
単体として行われてる
ことが多く

成功してるのか？
失敗してるのか？
が不明で…

PRだけに
とどまってる感が
大きいんだよな

つまり結果は
ともかく…

『やった気に
なってるだけ』
ってことですか？

そうか…

わかりやすく言うと
羽鳥の勉強と同じ
ってことだ

ほえ？
わたしの？

宿題や
レポートは
やればいい、
提出すれば
いい…

つまり…
結果が伴っていない！
抜き打ちテストの結果が
それを証明している…

あう…
痛すぎるほど
胸に響きますー

だからー
つまりー

あせあせ

シティプロモーション
はー…

ただ
「やればいい」じゃ
ダメってこと
ですねー

羽鳥
勉強もそういう
とこだぞ？

はいー
一夜漬けや猪突猛進に
ならないよう気をつけますー

…峰子先生
勉強はわかり
ますけど

じゃあ
シティプロモーションは

どういうことに
気をつけたら
いいんですか？

あ、さっき戦略的
って言われて
ましたけど…

それは…

地域を「ブランド」として
考えるということが
大事なんだ

ブランド？

…って…
服や靴…
バッグとかの？

あ、そうか！

ブランド作りってことは
目印としてそういった
地域のロゴマークを
作ればいいってことですね！

ぱっ

ロゴマークは
あくまでもブランドを
アウトプットした
「ただの飾り」に過ぎない

ド…

え…？

ただロゴマークを作ればいい…？

それは「仏作って魂入れず」…だ！

ええ！？

ロゴマークというのは、そのメーカーの「使いやすさ」「気品」「信頼」…

つまり「魅力」を映し出すものだ

その魅力が伝わってこなければ

そんなのはただの記号に過ぎない

じゃあ

地域にとってのブランドって…なんなんですか？

住民がその地域で誇れるもの、人に薦めたくなるもの…

それは建造物であったり歴史・文化、それこそ人そのものであったり

つまり「街の誇り」…シティプライドと呼ばれるものだ

シティプライド…

それをインプットしてアウトプットすること

消費だけではなく継続して創造していくことが大事なんだ

ブランドってたしかにそうだよね…

わたし…カンちがいしてた…

いくのんミーハーだからねー

うるさい！

1 「関係人口」のゆるさをどう進化させるか

地方創生総合戦略に話を戻そう。定住人口偏重の中央政府の発想が地方での目標実現を困難にしたことは既に述べた。しかし、各自治体に全く責任がないわけでもない。

この戦略策定には、各事業の定量的なKPI（重要業績評価指標）設定が強く推奨された。事業を評価するために定量的な指標を設けることは的確である。その意味で、高く評価できるはずだ。

しかしながら、ここに落とし穴があった。各自治体の戦略でKPIとされた数値を見ると、何を実現したかというアウトカムではなく、何をやったのかというアウトプットにとどまるものもあった。

何をやったとしても、それが地域の持続的発展につながらない限り意味はない。その意味で、アウトカムを評価指標とすることが望ましい。

このことは、「その事業は目標実現にとって、なぜ意味があるのかを説明する」ためのロジックモデルが欠けていることにもつながる。

毎日、駅前で「○○まちは最高だ」と行政職員が叫ぶと、定住者や地域外から地域に関わる人々の持続的な幸せに、なぜつながるのか。

そのことをロジックモデルに落として説明可能にしないまま、365日叫ぶことをKPIにして、実際にも達成した。結果、そのことにどんな意味があるのか。説明がなければわからない。

　あるいは、評価指標が各事業によって何を実現したかのアウトカムだったとしても、不安はある。ロジックモデルが機能していなければ意味がない。

　自治体が発注し、作成され、YouTubeに掲載された動画が10万回再生されることは、確かにアウトプットではなく、アウトカムだ。

　しかし、10万回再生されたことが、地域の持続的発展に、なぜつながるのか説明がないまま、KPIとして10万回再生を設定することは数字遊びにすぎない。

　ここで必要となるのが、「仮説」としてのロジックモデルだ。

　Aという事業がαというKPIを達成する。併せてBという事業もβというアウトカムを生みだし、KPIに設定した数値を達成する。さらにCという事業がγというKPIを実現したとする。

　そのαとβとγが何らかの形でつながることで、重要目標達成指標である定住人口の増加数を達成する。

　なぜ、αとβとγが実現すると、目標にした定住人口の増加が達成されるだろう。このつながりを納得いく形で説明することがロジックモデルということになる。

　このロジックモデルがないまま、KPIという数字をつくっ

て、それを達成したとか、しないとかいったところで、意味は
ない。

　話を関係人口に戻そう。関係人口は数ではないという意見が
あると述べた。確かに、スーパーマンも関係人口であり、「多
様に関わる人々」も関係人口だとすれば、その数から、地域に
とっての意義を一律に捉え、ロジックモデルに落とすことは困
難だ。

　国土交通省の調査がいっている「特定の地域と継続的につな
がりを持つ『関係人口』が東京・名古屋・大阪の三大都市圏で
推計1000万人超に上る」ことになると、私の前を通り過ぎた人
は、みんな私と関係があることになりそうだ。

　ゆるいことが関係人口の要素なのだから、数えなくてもいい
し、それはそれとして、眺めていればいいのだろうか。それと
も、私の前を通り過ぎた人は、みんな、私が好きに違いないと
いえばいいのだろうか。

　説明責任のない、自分や仲間うちの負担のなかだけで言い
合っているのであれば、それでいい。しかし、それは行政の施
策としてはとりにくい意見だ。

　ところが総務省は、これからの地方創生にとって関係人口が
重要だと述べる。いや、他人の責任にしてはいけない。私も関
係人口は重要だといった。

　しかし、このままでは、木津の提起したプラットフォームの

発想によって関係人口が獲得できたとしても、KPIには使えない。KPIは的確に定量化されるから、その達成が測られる。関係人口を重要な要素として、地方創生総合戦略を改訂したとしても、KPIがまともに設定できなければ、二の舞を演じることになる。

やはり、関係「人口」、人の数という定量化であることに無理がある。

私は、『「失敗」からひも解くシティプロモーション―なにが「成否」をわけたのか』など今までの著作で、地域が持続するために必要なものは「頭数（あたまかず）」ではない、といってきた。

ここでも、その言葉を繰り返そう。地域が持続するために必要なことは、関係「人口」という頭数ではない。むしろ、関係への「意欲」という要素が求められる。

しばらく前に「ところで、スーパーマンが地域で持続的に活躍できるのはなぜなのだろう。『それはスーパーマンだから』、なのか」と独白した。

それを、改めて取り上げる。スーパーマンが何かを始めようとしたときに、そこに「熱を持ったしなやかな土台」があるからなのではないか。

スーパーマンが孤立せず、その声に呼応しようとする存在が、地域に分厚く存在するかどうかが重要なのではないか。

　スーパーマンを育てることも大事だろう。しかし、スーパーマンの声に立ち上がる者がいない地域も、掃いて捨てるほどあるような気がする。なぜなら、別に地域が持続しなくたって構わないと思っている人も少なくないはずだからである。「スーパーマンさん、勝手に頑張ってください」と。

　そう考えると、総務省ポータルサイトに掲げられた「移住した『定住人口』でもなく、観光に来た『交流人口』でもない、地域や地域の人々と多様に関わる人々」という関係人口の定義に限界がある。

　ここでの限界は３つある。

　まず「移住した『定住人口』」（傍線筆者）という限定。ここには「（近年の）移住ではない、相当長期にわたって居住している人口」への議論が意図的に、あるいはナイーブにも排除されている。

　「（近年）移住したわけではない『定住人口』」、言い換えれば、先祖代々、その地域に住んでいる人は、最初から顧慮されていない。

　しかし、定住人口については考えなくていいのだろうか。既に「獲物」になっているので考えなくていいのか、いや「獲物」ですらない「何もしなくても、当たり前にあるもの」だから考える必要がないということだろうか。

　地方創生という発想が、地域に生きる人々の持続的な幸せの

実現を意識しているのであれば、この相当長期にわたって居住している人口がどのような存在なのかを検討しなくてはならない。

定住人口とは何だろう。その人々は地域のリソースなのか、コストなのか。

次に、「移住した『定住人口』でもなく、観光に来た『交流人口』でもない」というフレーズ。

Ａという地域に、移住だろうが先祖代々だろうが住んでいる人にも、Ａという地域を訪れる人にも、もちろんＡという地域を訪れたことのない人にも、それぞれに、Ａという地域に「関係する」という意欲が高い人も、低い人もいるはずだ。

私の前に長い時間座っている人や、私の前を通り過ぎた人が皆、私のことを好きなわけではない。私の前を通り過ぎたことはなくても、私のことをどこかで聞いて「いいな」と思っている人がいるかもしれない。

それに、なぜ、「移住した定住人口」と「観光に来た交流人口」を除くのだろうか。「移住した定住人口」や「観光に来た交流人口」とは、地域に生きる人々の持続的な幸せの実現にとって、どのような存在なのか。地域に生きる人々の持続的な幸せの実現にとって、常にプラスである存在として、最初から神棚に置かれているということだろうか。

移住してきて地域の人々の幸せを阻害する人間などはいない、観光にやってきて地域を汚す人間などはいないと考えてい

るのだろうか。

　関係人口を、「地域に関わろうとする、ある一定以上の意欲を持ち、地域に生きる人々の持続的な幸せに資する存在」として、改めて定義する。関係人口ネクストステージという言葉はどうだろう。

　第1章で使った「ゆるい、しかしゆるすぎない関係人口」よりはカッコいいのではないだろうか。

　そうであれば、定住人口にも、観光を目的とした来訪人口にも、観光以外を目的とした来訪人口にも、定住も来訪もしていない人口にも、関係人口ネクストステージは存在する（図表2-1）。

　木津の指摘した、高度関係人口・普通関係人口・関係人口予備軍という区分を想起することも可能だろう。

　3つ目の限界は、何回も述べている「多様に関わる」という部分だ。

　「多様に関わる」という発想自体はすてきだ。関係人口のゆるさを端的に示す。スーパーマンにならなくても地域に「関係」できるのはとても納得できる。

　人はそれぞれの人生を持つ。地域というものにそれぞれのあり方で関わる。その様々な関わりが、地域に生きる人々の持続的な幸せを実現することになれば、それはカッコいい。

　しかし、総務省は、この「多様に関わる」という言葉を、関

図表2-1 関係人口ネクストステージの考え方

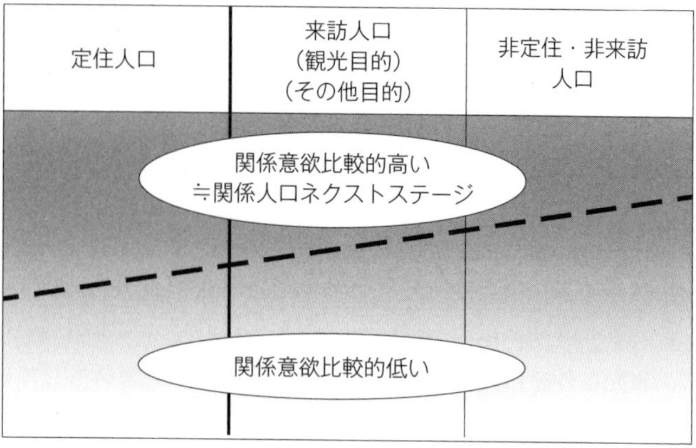

定住人口	来訪人口 （観光目的） （その他目的）	非定住・非来訪 人口

関係意欲比較的高い
≒関係人口ネクストステージ

関係意欲比較的低い

係人口の定義に無防備に用いることで、関係人口の定量化を決定的に不可能にしている。

　国土交通省は、その地域に観光以外で訪れる全員を「関係人口」だということで、「関係人口」という発想と、地域に生きる人々の持続的な幸せを実現するという目的の間にあるはずのロジックを分断する。

　KPIの設定は、地方創生総合戦略において、重要な要素と述べられていた。目的に向けたロジックモデルに基づく的確な定量的な指標を持たないまま政策を進めるということは、総務省自身が求めているEBPM（証拠に基づく政策立案）という重要な発想を不可能にする。

2 関係人口を定量化する mGAP

　関係人口という考え方を基礎に置きつつ、多様性と定量化を両方とも実現したい。ということで、ここからは多様性と定量化の二兎を追う関係人口ネクストステージについて考える。

　多様に関わるというゆるさを大事にする。スーパーマンではなくても地域にとって意味のある存在として暮らすことを大事にする。その上で定量化を図る。あるいはスーパーマンが活躍できるための、熱を持ったしなやかな土台としての多様な関わりの存在を定量化し可視化する。地域に関係するということを、地域に生きる人々の持続的な幸せを実現することにつなげて考える。

　そうした前提のもとで、政策の必要性を納得してもらうためのロジックモデルの構築を可能にする。

　そのための関係人口ネクストステージの定量化に、私が『シティプロモーションでまちを変える』等で、従来から提起してきた修正地域参画総量指標（mGAP）という発想は、やはり有効だと考える。

　mGAP については既にいくつかの著作で述べてきたが、改めて検討しよう。既に理解しているという読者は読み飛ばしてほしい。

　mGAP を考える際に複雑な数学は必要ない。掛け算と足し

算という算数で足りる（図表2-2）。

　この掛け算と足し算を、ここまで述べてきた関係人口ネクストステージについての考え方により説明する。

　まず、図表2-1で示したように、関係人口というものを定住人口から除外しない。一方で、地域に関わる人々の持続的な幸せの実現につながる「『関係・関与』を行わない定住人口」が存在する、という発想に基づく。

　他方、目的が観光であろうと、そうでなかろうと、非定住の

図表2-2　mGAP の計算方法

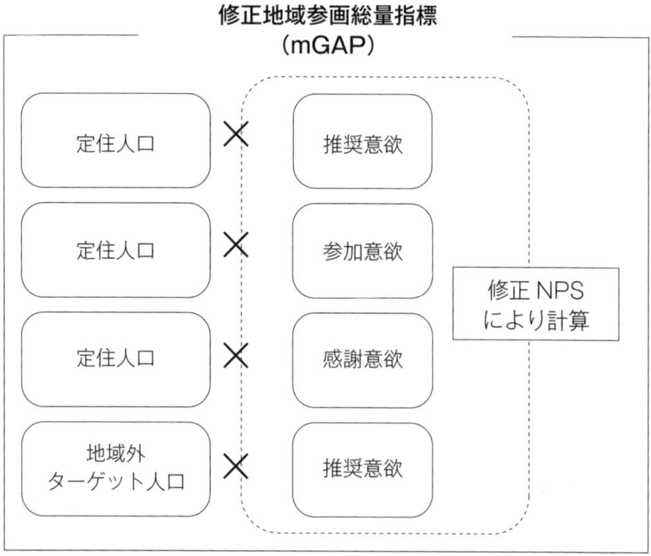

修正地域参画総量指標
（mGAP）

定住人口	✕	推奨意欲	
定住人口	✕	参加意欲	修正 NPS により計算
定住人口	✕	感謝意欲	
地域外ターゲット人口	✕	推奨意欲	

来訪者のなかに、地域に関わる人々の持続的な幸せの実現につながる「関係・関与」を行う人が存在するという発想も基礎となる。

ある地域に一度も住んだことがなく、かつ訪れたことのない人がいる。そのような人であっても、その地域を何らかの方法で知り、地域に関わる人々の持続的な幸せの実現につながる「関係・関与」を行う人が、わずかであっても存在する。その可能性を排除しないということも前提としている。

しかし、この「可能性」ということについて、遠くの空をぼーっと淡い期待をもって見つめているだけで、可能性にとどまらない現実のものとして「関係人口ネクストステージ」が立ち現れるだろうという、虫のいいことを考えているわけではない。

そのことは図表2-2にも示しているつもりだ。

重要な言葉は、「ターゲット」「地域外ターゲット人口」という語句になる。

ある地域に一度も住んだことがなく、かつ訪れたことのない人にとどまらず、地域に定住していない人からの関係・関与を、どのように獲得するか。

そのために必要な発想が、ターゲットということになる。まず、誰から、私たちの地域への関係・関与を獲得するのかという明確なセグメント（区分の明確化）を行う。その上で、そのセグメントした対象にターゲットを定め、関係・関与を獲得す

るための方策を練る。

　地域外からの関係・関与は、当該地域が、できる限り能動的・効率的に獲得するものだということだ。

　図表2-2のmGAPの計算方法について考える際には、関係人口の「関係」という言葉、「地域や地域の人々と多様に関わる」というときの「関わる」という言葉を、直接の「行動」として考えるのではなく、「意欲」という視点で把握していることにも注意が必要だ。

　定住者や地域外から地域に関わる人々の持続的な幸せを実現するために求められる「関係」という行動は、常に何らかの形で地域に関わりたいという意欲を前提とする。

　意欲なく偶発的に地域に「関係」したとしても、それは持続的な幸せの実現にはつながりにくい。一方で、「関係」への意欲があったとしても、機会がなければ、「関係」という行動には至らない。

　行動したことをもって初めて関係人口とするのではなく、機会があれば行動を起こす潜在的な可能性にも注目して関係人口ネクストステージを考える。

　これは、関係人口を現在ではなく未来に向かって定義する、何かを起こす「熱を持ったしなやかな『土台』」として考えるということでもある。

　その上で、地域に関係する意欲として、推奨意欲・参加意

欲・感謝意欲を挙げた。これは、大阪府都市整備部が提起した
キャンペーンである「笑働OSAKA」に倣ったものだ。

　非定住者の意欲としては推奨意欲のみに注目している。これ
には、戦術的な側面がある。非定住者にとって、地域外から当
該地域への参加は距離的・物理的に困難なことも多く、参加意
欲の向上にはハードルがある。

　感謝意欲の対象である当該地域をよりよくしている人も、地
域外からは見えにくい。結果として感謝意欲の高進は難しい。

　こうしたことを考えて、推奨意欲だけで、非定住者の地域関
係意欲を代表させている。

　これらの前提を置いた上で、関係人口ネクストステージで
は、関係人口を非定住人口に限定せず、定住人口を含めた関係
意欲量として見直し、その定量化を図っていく。

　関係意欲量に基づくmGAPは、掛け算と足し算で計算でき
ると述べた。

　何を掛け算するのか。人口と意欲である。この人口と意欲を
掛けることで、地域にとっての「熱を持ったしなやかな『各種
土台』の厚み」である「関係意欲量」を測ることができる。

　何を足し算するのか。今述べた「各種土台」を足していくこ
とになる。土台には4つの種類がある。①定住人口による地域
の推奨意欲量、②定住人口による地域への参加意欲量、③定住
人口による地域への感謝意欲量、④地域外ターゲット人口によ

る地域の推奨意欲量の４つである。

　この「熱を持ったしなやかな土台の厚み」が、地域の「稼ぐ力」の可能性に関わっている。この点は重要だ。

　既に述べたように、意欲は「可能性」にすぎない。この「可能性」が「状況」をつくりだすことができるのかについては、後の宿題にしておこう。

　まず、図表2-2の計算式の左項に当たる「人口」について考えていこう。上記①から③の定住人口は容易に数えられる。次に④の地域外ターゲット人口はどのように数えればいいか。

　ここで必要な発想が、地域におけるブランドとしての、差別的優位性を持ったライフスタイル、ステイ（滞在）スタイルという発想である。この点についても後に詳しく検討しよう。

　ここでは、各地域の実情や意思に合わせて、例えば「公共交通機関を利用して当該地域から90分以内で通勤できる場所に職場があり、30歳未満であって、男性として自認する者」と区分（セグメント）した者のうち、地域のブランドに強く共感する人口を数えることによって地域外ターゲット人口を測定できるということだけを述べる。

　次に、計算式の右項の「意欲」を数えよう。意欲を数えるために必要な考え方は、アメリカのマーケティング実務者であるF. ライクヘルドによるNPS（Net Promoter Score）である。

　NPSはもともとブランドへの推奨意欲を明確にすることで、

それぞれのブランドの「強さ」を示すものだ。近年では、多くのブランドが自らの評価のためにNPSを用い始めている。

　mGAPでも意欲を計算するために、このNPSを参考にする。具体的には、①については定住者に、④ではセグメントした地域外ターゲットとなる者に「あなたは、この地域を知人友人にどれだけの気持ちで推奨しますか」と尋ねる。

　その選択肢として「とても強く推奨する」を意味する「10」から「推奨する気持ちは全くない」を示す「0」の11段階の数字を用意する。このなかで、それぞれの回答者の気持ちに合う数字が選ばれることになる。

　このうち10・9・8と答えた推奨意欲が高い人（A）の比率から、5から0と答えた推奨意欲が低いあるいは否定的意見を述べる人（B）、つまり足を引っ張る人の比率をマイナスする（図表2-3）。

　ライクヘルドが提起したNPSでは、10・9と答えた人を推奨意欲の高い人（推奨者）とし、6以下の回答を行った人を推奨意欲の低いあるいは否定的意見を述べる人（否定者）としている。

　一方、mGAPでは、推奨者を10・9・8とし、否定者を5以下と修正している。そのため、ここでは、先のAからBを差し引いた数字を「修正NPS」と述べておく。この修正の理由についても後ほど述べたい。

図表2-3　修正NPSの考え方

・修正NPS（ネットプロモータスコア）
　　意欲10〜8（パーセンテージ）をプラス
　　意欲5〜0（パーセンテージ）をマイナスとして計算

　さて、修正NPSの具体的計算を例示しよう（図表2-4）。

　「あなたは自ら住む地域を推奨する気持ちは10から0のどの程度ですか」という質問を地域住民に対して行う。地域住民の構成に倣ったサンプルへのアンケートでもいいだろう。

　その結果として10・9・8と答えた人が35％、5以下と答えた人が25％だとすれば、推奨意欲についての修正NPSは35マイナス25により10になる。これが地域住民による地域推奨意欲指数となる。

　同様に、「あなたは自ら住む地域をよりよくするために参加する気持ちは10から0のどの程度ですか」「あなたは自ら住む地域をよりよくするために行動している人に感謝する気持ちは10から0のどの程度ですか」という質問を行う。

　それぞれ、10・9・8と答えた人の比率から、5以下と答えた人の比率をマイナスすることで、マイナス5、プラス40とい

図表2-4　mGAP 計算例

①地域推奨意欲量（地域内）

地域推奨意欲指数

10〜8〈35%〉5 以下〈25%〉

35%－25%＝10

10×定住人口 5（万人）＝50

②地域参加意欲量

地域参加意欲指数

10〜8〈25%〉5 以下〈30%〉

25%－30%＝－5

－5 ×定住人口 5（万人）＝－25

③地域感謝意欲量

地域感謝意欲指数

10〜8〈55%〉5 以下〈15%〉

55%－15%＝40

40×定住人口 5（万人）＝200

④地域推奨意欲量（地域外ターゲット）

地域推奨意欲指数

10〜8〈5 %〉5 以下〈35%〉

5 %－35%＝－30

－30×ターゲット人口 2（万人）＝－60

　①地域推奨意欲量（地域内）　　　50

＋②地域参加意欲量（地域内）　　－25

＋③地域参加意欲量（地域内）　　200

＋④地域推奨意欲量（地域外ターゲット）－60

165mGAP

う数字が得られる。

これによって、定住者の地域参加意欲指数、地域感謝意欲指数を計算する。

また、「公共交通機関を利用して当該地域から90分以内で通勤できる場所に職場があり、30歳未満であって、男性として自認する者」のようにセグメントした地域外ターゲットについても「地域推奨意欲指数」を求めるためのアンケートを行う。

ある程度の近似値で構わないので、ウェブアンケートを用いることもできる。例えばこんな方法だ。

このウェブアンケートについては、年齢・性別（30歳未満であって、男性として自認する者）などのデモグラフィック（人口学的）なセグメント、どこに住み、どこで働いているのか（公共交通機関を利用して当該地域から90分以内で通勤できる場所に職場）などのジオグラフィック（地理学的）なセグメントに対し質問を行うことになる。

アンケートそのものを上記のアンケート対象者に限定できるのであれば、それもいいだろうし、限定が難しいようなら冒頭の質問として上記を設け、「はい」と答えた人だけに、以降の質問をする方法もあるだろう。

次の質問の前に大事な問いがある。

自地域のライフスタイル・ステイスタイルとしてのブランドを、ブランドメッセージや動画などによって明示する。

　その上で、そのブランドへの共感度について、「強く共感する」「やや共感する」「あまり共感しない」「全く共感しない」という選択肢からの回答を指示する。

　ここで「強く共感する」と回答した人が、それぞれの地域が関係・関与の意欲を獲得しやすい地域外ターゲットとなる。

　ここまでを前提として、いよいよ「あなたは○○という地域を推奨する気持ちは10から０のどの程度ですか」との質問を行う。

　その結果、地域外ターゲットでは残念ながら10・９・８と答えた人が５％、５以下と答えた人が35％だとすれば、地域推奨意欲指数はマイナス30になる。

　mGAPでは、先に確認した左項の地域人口あるいはセグメントした地域外ターゲット人口の概数に、今計算した地域推奨意欲指数を掛けることで地域推奨意欲量を測定することができる。

　例えば、定住人口が５万人であれば、５（人口）掛ける10（推奨意欲指数）で50という地域住民による地域意欲推奨量を算定することができる。

　また、セグメントした地域外ターゲット人口が２万人だとすれば、２（人口）掛けるマイナス30（推奨意欲指数）でマイナス60という数字が地域外ターゲットの地域推奨意欲量となる。

　ここで興味深いことは、しっかりとしたセグメントを行わないまま、何となく多くの人々をターゲットにしてしまうと、地域外ターゲットの地域推奨意欲量が極めて大きなマイナスとな

ることだ。

　むやみに地域外ターゲット人口を大きくし、例えば「○○県に住む男性200万人」などとしてしまうと大変だ。彼らの地域推奨意欲指数がマイナス30だとすると、何と地域外ターゲットによる地域推奨意欲量はマイナス6000！　地域住民の意欲をどれほど高めてもプラスにはならない状況が生まれる。

　このことからも、いたずらに訴求対象を広げるよりも、地域のライフスタイル・ステイスタイルとしてのブランドへの強い共感に基づく、十分なセグメントによるターゲティングが重要であることが理解できる。

　栃木県足利市では、2019年8月に「これからの足利シティプロモーション2019」を発表した。その中で「足利シティプロモーションの評価方法」という項目を設け、mGAPを評価指標とすることを明記している。

　同様に、兵庫県尼崎市では、シティプロモーションの成果指標として、mGAPを参考にした「あまらぶ度」を用いている。

　神奈川県中井町でもシティプロモーションの成果を確認するために、修正NPSを利用し、後に述べるように、そのデータを利用してさらなる展開を図っている。

　それ以外にも、少なくない自治体がmGAPを参考にした分析を進めている。

3 関係人口を定量化することで 「打ち手」が見える —その1—

　こうした関係人口ネクストステージの定量化には、どのような意義があるか。

　戦略策定において定量的な目標として KPI が設定されることで、初めて、その戦略が成功しているのか、順調なのかを判断できる。それによって、地域の主権者にとって、行政が的確に働いているかを評価できることになる。

　EBPM を支援、実現するためにも、関係人口ネクストステージの定量化は重要な意義を持つ。mGAP というデータを、次の「打ち手」(政策) のための「材料」として活用できる。

　mGAP は、定住人口及び地域外ターゲット人口を右項に、修正 NPS により計算された地域推奨意欲指数、地域参加意欲指数、地域感謝意欲指数を左項にした掛け算により計算される。

　ここに、mGAP が「打ち手」発見の道具として活用しやすい2つの理由がある。

　①　定住人口・地域外ターゲット人口と、3つの意欲の掛け算の結果の和により計算されること

　②　意欲を計算する修正 NPS が、引き算により計算されること

の2点である。

mGAPが、「①定住人口・地域外ターゲット人口と、3つの意欲の掛け算の結果の和により計算されること」による、「打ち手」発見の利点について述べよう。

ひとつには、関係人口ネクストステージとしての地域参画総量が、人口という頭数の意義を、一定の条件で積極的に認めていることから導かれる利点だ。

そう、地域参画総量では定住人口も大事だと考えている。ただ、定住人口「命」だと考えているわけではない。

定住人口が多ければ、それだけで定住者や地域外から地域に関わる人々の持続的な幸せが実現できるわけではない。定住人口を構成する人々の多くが専らわがままな顧客として振る舞うこともあり得る。そうなれば、地域には、自らは地域のためには何もしないけれど、文句ばかりをいうクレーマーが満ちあふれることになる。

定住人口の多くが地域に積極的に関与し、代理人としての行政だけに頼らず、自分自身が地域課題の解決に働くとなったらどうだろう。あるいは行政以外で、地域経営の代理人になり得る地域企業やNPOを支えるということも。そうなれば、定住人口が多ければ多いほど担い手が増えることになる。これによって、地域の持続は強く期待できる。

地域参画総量でも定住人口を軽視していない。

そうした前提のもと、mGAPを経年的に計測する（図表2-5

図表2-5

シティプロモーションの取組み前		3年後	

定住人口	推奨意欲指数	推奨意欲量	定住人口	推奨意欲指数	推奨意欲量
(5)万人	×プラス10 =	50	(4)万人	×プラス12 =	48
	参加意欲指数	参加意欲量		参加意欲指数	参加意欲量
(5)万人	×プラス5 =	25	(4)万人	×プラス6 =	24
	感謝意欲指数	感謝意欲量		感謝意欲指数	感謝意欲量
(5)万人	×プラス20 =	100	(4)万人	×プラス22 =	88
地域外ターゲット人口	推奨意欲指数	推奨意欲量	地域外ターゲット人口	推奨意欲指数	推奨意欲量
(1)万人	×マイナス10 =	−10	(1)万人	×マイナス10 =	−10
		合計 165			合計 150

から図表2-9)。

　図表2-5は、積極的な地域内への取組みによって、修正NPS（意欲指数）が3年後に増加した例だ。しかし、この場合でも、定住人口の減少によってmGAPは小さくなってしまった。

　mGAPが小さくなっていくことは、地域の持続を担う力が弱まり、熱を持ったしなやかな土台が薄くなっていくことを意味する。何らかの対応が必要だ。

　いくつかの打ち手があり得る。例えば図表2-6を見る。

　図表2-6は、定住人口増加を第一義とする打ち手である。

　定住者の地域への地域関係意欲の低減を、定住人口の増加によって相殺し、全体としてはmGAPを高める打ち手となる。

　地域内外へ積極的に良質な行政サービスを訴求し、転出者の

図表2-6

シティプロモーションの取組み前

定住人口	推奨意欲指数	推奨意欲量
(5)万人	×プラス10	= 50
	参加意欲指数	参加意欲量
(5)万人	×プラス5	= 25
	感謝意欲指数	感謝意欲量
(5)万人	×プラス20	= 100
地域外ターゲット人口	推奨意欲指数	推奨意欲量
(1)万人	×マイナス10	= −10
	合計	165

3年後

定住人口	推奨意欲指数	推奨意欲量
(6)万人	×プラス8	= 48
	参加意欲指数	参加意欲量
(6)万人	×プラス4	= 24
	感謝意欲指数	感謝意欲量
(6)万人	×プラス20	= 120
地域外ターゲット人口	推奨意欲指数	推奨意欲量
(1)万人	×マイナス10	= −10
	合計	182

減少・転入者の増加を図ることを主軸にして定住人口を増加させる。既存定住者や新規転入者の地域への地域関係意欲については、大幅な減少を回避する程度でよしとする取組みとなる。

　都市近郊にあり、公共交通の整備などにより、都市への通勤人口の増加が見込まれる地域にあっては、必ずしも無理のない打ち手となるだろう。

　いや、私たちの地域は、いろいろと考えても定住人口が増える条件がない。やっぱり、サービス、サービス、サービスあるのみだ。土下座してでも人口を増やそう。無理かもしれない、でも……。後は野となれ山となれ。

　mGAPがいくつかの要素の掛け算・足し算で定量化できることに注目すれば、「後は野となれ山となれ」ではない。別の

図表2-7

シティプロモーションの取組み前

定住人口	推奨意欲指数	推奨意欲量
(5)万人	×プラス10	＝ 50

	参加意欲指数	参加意欲量
(5)万人	×プラス5	＝ 25

	感謝意欲指数	感謝意欲量
(5)万人	×プラス20	＝ 100

地域外ターゲット人口	推奨意欲指数	推奨意欲量
(1)万人	×マイナス10	＝ −10
	合計	165

3年後

定住人口	推奨意欲指数	推奨意欲量
(4)万人	×プラス15	＝ 60

	参加意欲指数	参加意欲量
(4)万人	×プラス8	＝ 32

	感謝意欲指数	感謝意欲量
(4)万人	×プラス25	＝ 100

地域外ターゲット人口	推奨意欲指数	推奨意欲量
(1)万人	×マイナス5	＝ −5
	合計	187

打ち手により、地域の持続を担う力を維持、向上させることも可能となる（図表2-7）。

　図表2-7では、定住人口の一定の減少を許容しつつ、定住者や多くはない転入者の地域への地域関係意欲を高めることに積極的に取り組み、mGAPを増加させる考え方を示している。

　行政サービスの全般的豊かさよりも、定住者の意欲向上につながる地域の魅力、差別的優位性を持ったライフスタイルとしてのブランドの訴求を行う方法があり得る。

　日本の多くの地域では、人口の増加が難しい状況にある。その際に、税収の多い地域と肩を並べた「行政サービス」を行うことで資源や行政職員の疲弊を招くのではなく、定住者に自ら地域を担ってもらうことで「公共サービス」をつくりだしてい

シティプロモーションの取組み前

定住人口	推奨意欲指数	推奨意欲量
(5)万人	×プラス10 =	50
	参加意欲指数	参加意欲量
(5)万人	×プラス5 =	25
	感謝意欲指数	感謝意欲量
(5)万人	×プラス20 =	100
地域外ターゲット人口	推奨意欲指数	推奨意欲量
(1)万人	×マイナス10 =	−10
	合計	165

3年後

定住人口	推奨意欲指数	推奨意欲量
(5)万人	×プラス12 =	60
	参加意欲指数	参加意欲量
(5)万人	×プラス6 =	30
	感謝意欲指数	感謝意欲量
(5)万人	×プラス22 =	110
地域外ターゲット人口	推奨意欲指数	推奨意欲量
(1)万人	×マイナス10 =	−10
	合計	190

こうとする発想である。

　後は「野」にも「山」にもしない。そこに「まち」を残すことができる。

　図表2-6と図表2-7の折衷的な取組みも考えられる（図表2-8）。

　図表2-8では、3年後の修正NPS（意欲指数）を増加させるとともに、定住人口を維持することによって、mGAPを増加させている。

　この打ち手を選択するのであれば、転入者＋出生者と転出者＋死亡者を同数近くにするための施策をとりつつ、地域内の意欲増加を図る両にらみの取組みが求められる。

　いずれかに重点を置くわけではないため、常に状況を注視

図表2-9

シティプロモーションの取組み前			3年後		
定住人口	推奨意欲指数	推奨意欲量	定住人口	推奨意欲指数	推奨意欲量
(5)万人	×プラス10	= 50	(4)万人	×プラス10	= 40
	参加意欲指数	参加意欲量		参加意欲指数	参加意欲量
(5)万人	×プラス5	= 25	(4)万人	×プラス5	= 20
	感謝意欲指数	感謝意欲量		感謝意欲指数	感謝意欲量
(5)万人	×プラス20	= 100	(4)万人	×プラス20	= 80
地域外ターゲット人口	推奨意欲指数	推奨意欲量	地域外ターゲット人口	推奨意欲指数	推奨意欲量
(1)万人	×マイナス10	= −10	(5)万人	×プラス10	= 50
		合計 165			合計 190

し、バランスを意識した施策展開が求められる。

図表2-6から図表2-8までとは全く異なった打ち手もある（図表2-9）。

図表2-9では、定住人口ではなく、地域外ターゲットに焦点を当てる。当該地域のライフスタイル・ステイスタイルとしてのブランドに強い共感を持つターゲットを可能な限り幅広く把握する。その上で、そうした幅広い地域外ターゲットからの推奨意欲を高め、多様な応援、支援を獲得しようという打ち手になる。

人口は少ないが、観光面での魅力が強い、他にはない独特の空気・雰囲気を持つ、人々の思いを強く誘引できるだけのイベントや食がある、それらを組み合わせて提起できる差別的優位

性を持ったステイスタイルがある、あるいは、そうした未来を構想しているという地域には有効な打ち手となるだろう。

　もちろん、潜在的な地域外からの推奨意欲を、実際の訪問・応援・支援に現前化させる取組みが求められることは当然となる。

　総務省が関係人口ポータルサイトで述べる「移住した『定住人口』でもなく、観光に来た『交流人口』でもない、地域や地域の人々と多様に関わる人々」としての関係人口への期待に重なるところがある発想だろう。ただし、定量化ができるからこそ、この打ち手が選択できることを忘れてはならない。

　ここまで見てきたように、mGAP を高め、地域の持続を担う力、地域（まち）に真剣（マジ）になる力を強め、熱を持ったしなやかな土台を分厚くする方法は多様にある。

　どの地域にとっても適用可能な「正しい」打ち手があるわけではない。それぞれの地域の置かれた状況を見据えて、どのような打ち手が我々の地域に適しているか、あるいはどのように組み合わせることで mGAP を向上させられるかを検討することが必要になる。

　また、状況は刻々と変わっていく。その時々のデータの変化を確認し、時宜に応じたシティプロモーションが求められることになる。それができるのも定量化できるデータがあればこそ、である。

4　関係人口を定量化することで「打ち手」が見える ―その2―

　「打ち手」を発見するために mGAP の活用が秀でている2つ目の理由を述べる。

　mGAP を計算する掛け算の右項にある「②意欲を計算する修正 NPS が、引き算により計算されること」への注目によって、適切な「打ち手」が発見できる。

　修正 NPS では、プラスとなる意欲者（推奨者・参加者・感謝者）の比率からマイナスとなる否定者の比率を減じることで、定量化を行う。

　意欲者はそれぞれの意欲レベルについて10・9・8と答えた人であり、5から0と答えた人が否定者となる。

　このとき、意欲者に向けてあと一歩の中立者である「7」と答えた人と、中立者に向けてあと一息の否定者である「5」と答えた人に注目する。

　あと一歩で意欲者となる意欲レベルを7とする人に働きかけるという「打ち手」を選択し、次の調査で意欲レベルを8まで引き上げられたとする。

　これによって、中立者を意欲者に転換したことになり、否定者の比率に変化がなければ、修正 NPS の数値は大きくなる。

　また、5と答えた人へ働きかける「打ち手」によって、次の

調査では意欲を6にすることができれば、否定者を減らすことになる。

　次の調査で意欲者の比率が変わらないとしても、修正NPSの値は向上する。

　もちろん、意欲レベルを5とした人に懸命に働きかけ、次には10にするという「打ち手」もある。こうすれば、計算時にマイナスとなる否定者の比率が減って、プラスとなる意欲者の比率が増える。一挙両得だ。

　あるいは、意欲が0という極めて否定的な回答者へ熱心に施策を実行する「打ち手」によって、次回調査では6に意欲レベルを向上させれば、修正NPSの数値は改善する。

　しかし、一般的に考えれば、先に示した意欲レベル7から8へ向上させる「打ち手」や5から6への高進のための「打ち手」に比べて、後に示した5から10へ、あるいは0から6へ、という変化を生じさせる「打ち手」の実現は簡単ではなさそうだ。それに、おそらく先に示した「打ち手」よりも、多くの資源を費やすことになる可能性が大きい。

　どのようにして「7」とした人、「5」とした人に焦点を当てて「打ち手」を検討すべきだろうか。

　修正NPSを用いて、シティプロモーションの評価を行っている中井町では、試行的ではあるが興味深い取組みを行っている。以下の紹介は、中井町で行われたそのままを紹介するもの

ではない。本論の論旨に合わせて、若干の修正を行っている。ただし、基本的な部分に改変はない。

　まず、中井町では、一定のサンプルを対象にアンケート調査を行い、それぞれに推奨意欲・参加意欲・感謝意欲について10〜0での回答を求めた。同時に、別の質問として、総合計画を参考に取り上げた町の施策について、重要度と満足度を尋ねた。

　意欲レベルの回答と、施策重要度・満足度の回答を重ねる。それによって、意欲レベルを「7」とした人、「5」とした人が、どのような施策を重要と考えつつ満足度が低いのかを明らかにする。

　ここで興味深いのは、多くの地域で行われている市民全体としての施策重要度・満足度の確認にとどまらず、意欲レベルを「7」とした人、「5」とした人に注目した点である。図表2-10では、意欲レベルを「7」とした人について模式的に示してみる。

　重要度が高いと考えられつつ、満足度が低い施策は、早期の改善が求められている緊急度の高い施策として評価できる。言い方を変えるなら、そうした施策を改善することで地域や行政への信頼は高まることになる。

　中井町では、この資料を素材に、政策担当部局とシティプロモーションアドバイザーが連携して、各所属との意見交換を

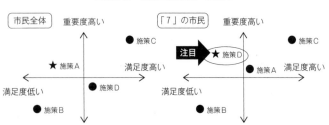

図表2-10　施策の緊急度への注目

行った。

　特に意欲レベルを「7」とした人、「5」とした人が重要度が高く・満足度が低いと答えた、つまり緊急度が高いとした施策改善を活用し、その改善内容を、意欲レベルを「7」とした人、「5」とした人に理解してもらうための取組みについて意見交換した。

　このようにして、mGAP の要素である修正 NPS を活用することで、優先順位を明確にした、メリハリの利いた「打ち手」が実現できることになる。

5 関係人口を定量化することで 「打ち手」が見える ―その3―

　意欲を計算する修正NPSが引き算により計算されることへの注目による適切な「打ち手」の発見には、もうひとつの手立てがある。

　それは、いわば「街角景気調査」のようなものだ。

　地域住民及び地域外ターゲットのなかで500人程度の関係人口ネクストステージ・モニターを用意する。そして、このモニターたちに「あなたが○○地域を推奨する気持ちは10から0のどの程度ですか」という質問を毎月1日に行う。これで「打ち手」が発見できる。

　ここで注目することは「変化」だ。毎月1日に、推奨意欲に係る1問だけに答えてもらう。例えば、モニターの推奨意欲に係る修正NPSが一貫して上昇しているのであれば、現在の「打ち手」は、そこそこ悪くなさそうだと考えられる。

　ある月からその次の月に、推奨意欲に係る修正NPSが大きく変化したのであれば、モニターに再確認するなどして、その理由を推定する。

　プラス方向での大きな変化を生じさせた理由が、行政などの仕掛ける側が意識していた「打ち手」であれば、少し自慢してもいいかもしれない。

しかし、思いもかけない理由で大きなプラスが生まれたと推定されるのであれば、可能な範囲でその内容を「打ち手」に取り込むことも考えられるだろう。

　地元の高校が必ずしもメジャーではないスポーツでブロック優勝したことが、大きなプラスの理由であることが推定できたとする。そうであれば、その高校生選手たちと首長の意見交換や、高校生選手たちの記者会見をセットして、地域のマスメディアに公開することが、地域推奨意欲のさらなる向上につながる可能性がある。

　一方で、ある月のアンケートで、前月に比べマイナス幅が思いがけず大きくなったとする。これは「炭鉱のカナリア」だ。

　ガス発生を検知するため、カナリアのいる鳥かごを炭鉱につるしたという逸話がある。始終鳴いているカナリアの声が聞こえなくなったときは、人間よりガスへの感知力の高いカナリアが、ガス発生の警告を出したということだ。いち早い避難が求められる。

　関係人口ネクストステージ・モニターが示した思いがけないマイナス幅は、地域に何かが起きていることを伝えている。慎重な検討が必要だ。

　関係人口ネクストステージ・モニターは厳密な地域把握ではなく迅速な地域把握のために用いる。機敏な「打ち手」の選択に意義を持つことになる。

第 3 章

ライフスタイル・ステイスタイルとしての地域ブランドの創造

定住人口を増やすために地域のPRをする、というのはほんの入り口に過ぎない

ピぅ

「PRをして知ってもらった」

じゃあ次はどうする？

知っただけじゃ移住まではしないですよねー

えーっと来てもらって見てもらう？

「観光」とか？

そう　つまりは「交流人口」を増やすことだな

…

でも…

観光で来ただけで移住したいと思うかなー？

「観光」と「住む」は別ですよね

くぃ

そうだな「観光」は「ハレ」「住む」は「ケ」だ

もちろんPRや観光誘致も大事なのだが…

そこからさらに踏み込んだその地域でのライフスタイルを伝えなければならない

ライフスタイル？

それを伝えるのは地域の人々だけじゃなく

その地域と関わりのある地域外の人々と協力していくことが必要なんだ

関わりのある
地域外の人々
って…？

あ、
たとえば昔ここに
住んだことがある人
とか？

そうだな
ルーツがあったり
転勤で住んだことが
あったり

あとは
ふるさと納税してたり…
関係が少なからずある
人々だな

地域の人が
伝えるのは
ダメなんですか？

ダメってことは
ないが…

当事者ではどうしても
美辞麗句になりがちだ

その点、関わりのある
人々は冷静に客観的に
なれる…

つまり、そうした
「声」こそが

もっとも説得力が
あると思わないか？

…たしかに

当事者が言うと
「自慢」に
聞こえちゃうかもね

そうした繋がりを増やす
「関係人口」を獲得するための
さまざまな取り組みが
動いている

へぇー

「関係人口」かぁ

…なによ？

いくのんも
「関係人口」
増やした方が
いいかも

どーいう意味よ！？

1 その地域に住む決め手、訪れる決め手は何か

　定住人口及び地域外ターゲット人口の地域関係意欲を高めるために必要なこととして、ライフスタイル・ステイスタイルとしての地域ブランドがあると述べた。

　一方で、ブランド総合研究所が、毎年発表する「地域ブランド調査」というものがある。

　地域の魅力度・認知度・情報接触度・各地域のイメージ・情報接触経路・地域コンテンツの認知・観光意欲度・居住意欲度・産品の購入意欲度・地域資源の評価・地域への愛着度・自慢度・自慢できる地域資源などを総合評価したものだとされている。

　あるいは、東洋経済新報社が各種指標に基づく安心度・利便度・快適度・富裕度により算出して、同様に毎年発表される「住みよさランキング」もある。

　さらに、住宅ローン専門金融機関のアルヒ社が発表する「本当に住みやすい街大賞」や、リクルート社が住宅・不動産購入をサポートする情報サイトSUUMOを通じて発表する「住みたい街ランキング」など、多くの「住みよさランキング」が存在する。

　少なくない自治体が、この「住みよさランキング」の上位に位置づけられることを求めている。上位に位置づけられた自治体は、その結果を積極的に訴求している。

　しかし、このように多くのランキングが乱立するなかで、そ

れらは関係人口の創出に大きな意味を持つのであろうか。

　改めて、なぜ、ライフスタイル・ステイスタイルとしての地域ブランドを訴求することが、地域外ターゲット人口から関係意欲を引きだし、関係人口とすることができるのかをデータによって明らかにしていきたい。

　私は、2019年に、NTT コムオンライン・マーケティング・ソリューションの協力を得て、全国からの500人のサンプルによるウェブアンケートを実施した。

　その結果を基礎に、ライフスタイル・ステイスタイルとしての地域ブランドを訴求することが、定住者や地域外ターゲット人口から関係意欲を引きだす可能性について検討していく。

　2019年に行ったアンケート（以下「2019アンケート」という）からひとつの結果を示す。2019アンケートでは、性別（男女の２層）×年代（20歳代・30歳代・40歳代・50歳代・60歳代以上の５層）、計10層・各50サンプルによる男女500人にウェブを用いてアンケートを行った。

　このうち、「あなたはどの地域に住みたいですか。最も近いものを選んでください」として、「自分のライフスタイル（暮らし方）にあった地域」「住みよさランキングの順位が高い地域」「よく名前の知られている地域」「将来、地価が上がりそうな地域」「いずれでもない」の選択肢から回答を求めた結果が図表3–1である。

この結果からは、知名度が高いこと、住みよさランキングの順位が高いことは、居住先を選ぶ決め手になっていないことがわかる。居住先を選ぶ理由として最も重視されていることは、自らのライフスタイルに合致しているか否かだ。

　自治体の取組みが知名度向上や住みよさランキングの上昇を目指して事足りるとするのなら、目標を実現できたとしても、それだけでは残念ながら定住人口の獲得に結びつくわけではなさそうだ。

　このアンケート結果を見て思いだしたことがある。

　2016年11月に、アメリカ・ポートランドでポートランド市開発局の山崎満広と議論した内容だ。山崎は、ポートランドの優れた公共交通機関、環境への配慮の意識、地産地消を可能とする取組み、小さな事業を起業しやすい環境、手の届く規模感などを好むと述べた。

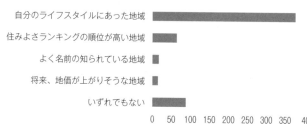

図表3-1　居住地選好の要因

あなたはどの地域に住みたいですか。最も近いものを選んでください

　そこには、ポートランドのアトモスフィア（「空気」「雰囲気」）があるという。山崎自身は、過去に居住したテキサスのアトモスフィアにはしっくりこないところがあったと述べた。しかし、テキサスのアトモスフィアこそが住みやすい人間もいるだろうとも話した。

　また、2019年11月にドイツ・ミュンヘンで行ったインタビューも想起される。

　現地に長く住むその方は「地元の人々が好んでいる店があり、その店においしいプレッツェルとホワイトソーセージがることが、地域のプライドにつながる。店の伝統を守ることがまちの伝統を守ることにつながる」と述べていた。

　ライフスタイルへの共感が地域に関わることにつながっていることが理解できる。

　2019アンケートでは、「あなたはどの地域を訪れたいですか。最も近いものを選んでください」という質問も行った。選択肢は「自分の滞在スタイルにあった地域」「観光魅力ランキングの順位が高い地域」「よく名前の知られている観光地」「自分のSNSで紹介したい地域」「いずれでもない」とした。

　その結果が図表3-2である。

　ここでも、滞在（ステイ）スタイルに適合した地域であるか否かが重要であることは明らかだ。

　しかし、どの地域が「自らのライフスタイル・ステイスタイ

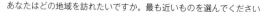

図表3-2 観光地選択の理由

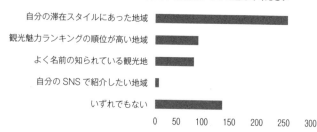

あなたはどの地域を訪れたいですか。最も近いものを選んでください

自分の滞在スタイルにあった地域	
観光魅力ランキングの順位が高い地域	
よく名前の知られている観光地	
自分のSNSで紹介したい地域	
いずれでもない	

ル」に合致しているかを知るには、どのような方法があるだろうか。それを知ることがなくては、結局、よく知られている地域かどうかや、ランキングを選定の材料にするしかない。

だからこそ、地域の個別魅力の発散・共有、それら個別魅力の編集によるライフスタイル・ステイスタイルの差別的優位性の明確化が求められる。

明確化したライフスタイル・ステイスタイルの差別的優位性をブランドとターゲットの循環により研磨することも必要だ。

その上で、磨き上げたライフスタイルのあり方を多様なアウトプットを用いて示すことが求められる。

地域の個別魅力を発見し、組み合わせ編集して地域のブランドとしてのライフスタイル・ステイスタイルを示す地域魅力創造サイクルを的確に実現することが、地域外ターゲットに、自らの地域を訴求することを可能にする。

2　定住人口はそれだけで資源なのか

　一方で、居住先に選ばれやすいことが、果たして地域の持続的発展につながるかを再検討したい。居住先に選ばれやすいということは、人口の維持・増加につながると考えられる。

　ライフスタイルの明確な提起が定住人口の維持・増加にとって有効であることは示した。

　しかし、定住人口が多ければ、それだけで地域の持続的発展につながるのかについての疑問はやはり残る。

　定住人口の多くが行政等による公共サービスの顧客という意識を持つにとどまる、言い換えれば地域に関与する意欲が不十分であるとすればどうだろうか。

　その結果は行政の肥大であり、主権者としての意識の衰退につながるだろう。さらには、誤った政治や行政の看過にもつながりかねない。また、将来世代への想像力を失い、自らへのサービスの多寡にのみ留意する「顧客としての人口」が増えることにもなり得る。

　ライフスタイルの提起による人口獲得が地域内関係人口の増加＝定住者の関係意欲増大につながるのか、むしろ顧客としての人口を増加させることにつながるかは、明確にしなければならない。

　ここでも2019アンケートのデータを活用しよう。

先にも紹介した「あなたはどの地域に住みたいですか。最も近いものを選んでください」との質問（居住先決定理由）への回答と、地域への関係意欲を確認する質問のひとつである「あなたは、自分が住んでいる地域（市町村）を、知人友人におすすめしたいと、どのくらいの気持ちで思いますか」との質問（地域推奨意欲）への回答の関係を見る。

　居住先決定理由を「自分のライフスタイル（暮らし方）にあった地域」を挙げる人と、それ以外の理由を挙げる人に区分し、それぞれの地域推奨意欲を確認する（図表3-3）。

　ここでの「推奨者」とは、推奨意欲を10・9・8とした人であり、「中立者」は7・6、「否定者」が5以下の数字を挙げた人を意味する。

　結果を示した図表3-3からは、いずれの居住理由であっても地域推奨に消極的な否定者が多いことがわかる。しかし、ライ

図表3-3　居住先決定理由と地域推奨意欲

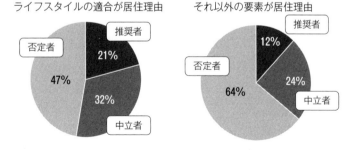

フスタイルの適合性を居住先決定理由とする人は、それ以外の要素を理由とする人に比較すれば、地域推奨意欲が明らかに高い。

　知名度の向上や住みよさランキングの上昇を図り、その結果としての定住促進を実現する手は、関係意欲増大にとっては、あまり効く方法ではない。

　地域内に地域推奨を高めるためには、ライフスタイルを明確に提起し、積極的に訴求することが求められる。

3　関係人口をつくる「地域魅力創造サイクル」

　それでは、どのようにしてライフスタイル・ステイスタイルとしての地域ブランドを形成すればいいだろうか。私は『シティプロモーションでまちを変える』において、地域魅力創造サイクルという考え方を示している（図表3-4）。私の著書を読んだことがある方は、ここは飛ばし読みだなと思うかもしれない。

　少しだけ待ってほしい。

　第1章で、「ゆるい、しかしゆるすぎない関係人口を獲得するプラットフォームは既にある。ただ、それはひとつの『場』としてスタティックにあるわけではない。ダイナミックな一連の流れとして、プラットフォームは各地に存在する」と述べたことを覚えているだろうか。

　そこでは、「それはどこにあるのだろう。それはどのような形で私たちの目の前に現れるだろう。お楽しみはとっておく」と思わせぶりな記述をした。

　たいしたことではなかった。ゆるい、しかしゆるすぎない関係人口を獲得するプラットフォーム、今述べるならば関係人口ネクストステージを獲得するプラットフォームは、地域魅力創造サイクルと、後に述べるメディア活用戦略モデルが動いている「場」だ。

　何だ、そういうことか。期待しちゃった。

　申し訳ない。でも、それほど捨てたものでないかもしれない。では、関係人口ネクストステージを獲得するプラットフォームの一角をなすものとして、地域魅力創造サイクルを再確認していこう。

　まず、関係人口をつくりだすプラットフォームのことを思いだそう。

　國領はプラットフォームの要素を、①相互のつながり確認を容易にするコミュニケーション・パターンの設計、②参加者それぞれが何をすればいいのかが理解できる役割の設計、③参加したい・活動したいという意欲をつくるためのインセンティブ

図表3-4　地域魅力創造サイクル

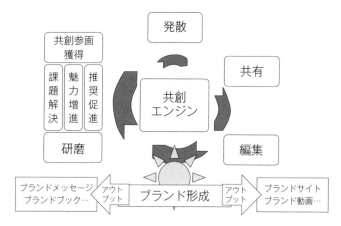

（誘因）の設計、④効果的なつながりを生むための信頼形成メカニズムの設計、⑤参加者自身の内部変化のマネジメント、の5つだと述べていた。

　田中は、上記を発展させ、関係人口を獲得するための必要要素として、①関係案内所の設置、②オープン性の担保、③役割の明示、④資源の持ち寄りによる自分事化、⑤信頼性のネットワークがあるといっていた。そして、関係案内所に必要な要素として、①つながりの担保、②主体を「自分」にできる仕組み、③フラットな視点、④マッチング機能、⑤居心地のよいコミュニティ設計があるともいっている。

4　知の資源の持ち寄りと「みんなでお出かけ」

　では、これらを参照しながら、地域魅力創造サイクルについて検討していく。

　地域魅力創造サイクルは、「発散」「共有」「編集」「研磨」の４つのステージにより構成されている。４つのステージで誰が何を行うのかもあらかじめ定められている。

　それぞれのステージは、定住者及び地域外から地域に関わる人々の徐々に増える参加を内容とする共創エンジンによって実現される。

　この方法によって、ライフスタイル・ステイスタイルとしての地域ブランドを形成し、それを発展させる。

　さて、プラットフォームだ。地域の魅力を考える、つくりだす際に、行き当たりばったりで取り組むのではプラットフォームにはならない。そもそもワークが進まない。参加者相互のつながり確認を容易にするコミュニケーション・パターンが設計されていなければならない。

　ある決まったパターン、お作法が共有されていることが必要であると言い換えられる。

　地域魅力創造サイクルにはお作法がある。４つのステージをひとつずつクリアしていくこと、それぞれのステージでは何を行うかが決まっていること、どれだけの数の魅力を発見するの

か、どのような種類の魅力を数え上げるのかが決まっていること、どのように「地域に潜在する物語」をつくるのかが定められていること、などなど。

　参加者相互のつながり確認を容易にするコミュニケーション・パターンが明確に設計されている。よし。関係人口をつくりだすプラットフォームとしての第1要素をクリアしている。

　言い忘れていたことがある。飯盛は「地域におけるプラットフォーム形成のためには、地域のいろいろな主体が資源を持ち寄ることが前提となる」と述べていた。

　危ない、危ない。地域魅力創造サイクルは、関係人口を形成するプラットフォームの前提条件である「資源の持ち寄り」を実現できているのだろうか。

　地域魅力創造サイクルでは、第1の「発散」ステージとして、参加者のグループワークにおいて、地域の個別魅力を1人50、100というような過剰なまでの数で提起する。しかも、この際、ヒト・モノ・コト・トコロ・シゴト・ワザ・カコ・ミライ・クウキという多様な領域から個別魅力を探しだすことが求められる。

　こうした作業によって見えにくくなっていた個別魅力を改めて発見し、地域の従来の陳腐化したイメージを、新鮮なものとして異化することになる。

　つまり、地域の魅力に関わる「知」が持ち寄られることにな

る。しかも、それらの「知」は既知ではなく、新たに発見され、生き生きとした新鮮な「知」だ。

　地域魅力創造サイクルの「発散」ステージは、地域のいろいろな主体が「地域の新鮮な知」という資源を持ち寄るステージだということもできる。

　よかった。地域魅力創造サイクルは、関係人口をつくるプラットフォーム形成の前提段階をつくりだしているといえそうだ。

　第2の「共有」ステージでは、それらの個別魅力を実際に体験し、共有する。

　「みんなでお出かけ」だ。過剰に挙げられた魅力のうち、誰かひとりしか挙げなかったレアな、つまり気づかれていなかった魅力や、どうしても訪れたいという希望があった魅力を実際に見聞に出かける。

　静岡県富士市で行った「みんなでお出かけ」は、中学校でおいしい給食を食べたり、富士市の大事な産業である製紙企業を創業し地域に貢献した企業人についての話を当時の「番頭」役の方に伺ったりした。

　東京都足立区でも、地域魅力創造サイクルに基づく「あだちの魅力ワークショップ」を開催し、区内の魅力を巡るツアーを実施した。気軽にお酒を飲める場所なども巡り、楽しい時間になった。

この「お出かけ」はグループワーク・メンバー以外の参加も歓迎だ。共創エンジンを駆動するメンバーのパートナーや家族、友人、もちろん、新たに誘われて、募られて、おもしろそうな「お出かけ」だなと思った新しいメンバーも。

　この「おもしろそうな人」「楽しそうな場所」への「みんなでお出かけ」は、國領のいうプラットフォーム構築の第3要素である「参加したい・活動したいという意欲をつくるためのインセンティブ（誘因）の設計」になる。

　「みんなでお出かけ」をクローズドにせず、誰でも参加していいという建て付けには、田中の述べる関係人口を獲得する必要要素である「オープン性の担保」もある。

5　ペルソナとストーリー

　第3のステージは「編集」ステージだ。ここまで発散・共有した個別魅力を編集し、地域を「語れる」もの、「訴求可能」なものとする取組みである。

　各地域において、それぞれに存在する地域の個別魅力を活用し、どのような暮らしをし、どのような経路で自らの希望を実現できるのかは、当然ながら地域ごとに多様に異なる。

　その違いを明確化するためには、ペルソナとストーリーという要素を用いて地域魅力の編集を行う発想が求められる（図表3-5）。

　ペルソナとは仮想の人格を意味する。当該地域の魅力を活用することによって自らの希望を実現できるだろう仮想人格を、氏名・性別・年齢・家族構成・職業・年収・居住地・大事にしていること・悩み・実現したい希望・野望を定めることによって設定する。

図表3-5　ペルソナとストーリー

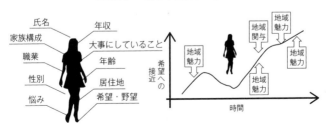

その上で、その仮想の人格が、それぞれ一定の期間に、地域の多様な魅力を用い、いったん挫折したとしても地域に関与したり、地域の魅力を活用して立ち直り、自らの希望を実現するストーリーを想定する。

　もちろん、各地域において、それぞれの地域の魅力を用いて、自らの希望を実現できるペルソナは唯一ではない。

　多くの、しかし、それぞれの地域において固有のペルソナ（仮想人格）が、地域の魅力を活用して希望を実現するストーリーを旅する。そこには、地域ごとに異なったストーリーが生まれる。

　ここから明らかになるのは、地域ごとのライフスタイルの固有性である。この固有性、差別的優位性を持ったライフスタイル・ステイスタイルが、地域というものの「編集された魅力」であり、地域におけるブランドであると考えている。

　この、ライフスタイル・ステイスタイルとしての地域ブランドに即して、改めて地域外ターゲット人口という発想を確認しよう。

　地域魅力を訴求する対象として日本に住む全員、地球上に住む全員を想定し、施策を行うことは、費用対効果から無駄が多い。

　地域外の人々を「セグメント（区分）」する。その上で、セグメントした人々に限定して、地域への共感・推奨を獲得しようとする施策を行うことが、実現可能性のある取組みになる。

　このセグメント、ターゲティングという取組みにとって、各地域における差別的優位性（ブランド）を持ったライフスタイ

ルやステイスタイルを、ストーリー（物語）として確立したことが効果を発揮する。

　単に「自然がいっぱい」とか「生活が便利です」とか「都会と田舎の中間です」という抽象度が高く、差別的優位性のない言葉ではない、暮らし方・住まい方を示すストーリーが、セグメントやターゲティングにとって重要になる。

　「都市的生活を送るには十分ではないが、自然を満喫しながら暮らすことができ、地域の環境を守る活動に参加することで、自らを意味ある存在として把握し、希望を実現する」ライフスタイルを示すストーリーや、「生産地が近いのでおいしい食事ができ、美しい雪景色を楽しみ、その素晴らしさを自らが住むまちの人々に推奨することをきっかけに、自らを意味ある存在として把握し、希望を実現する」ステイスタイルを示すストーリーが有効となる。

　セグメントやターゲティングというと、すぐに「30歳代女性」みたいなことをいう人がいる。そう、それもセグメントだ。こういうセグメントを、デモグラフィックという。

　しかし、デモグラフィックなセグメントだけでは、的確な狙い撃ち、つまりターゲティングはもうできない。30歳代女性が皆、だいたい同じことを考え、だいたい同じメディアを使っていたなんていう牧歌的な時代はとうに終わっている。

　今、考慮しなければならないのは、サイコグラフィックなセ

グメントだ。何を大事にするのか、どんなことに興味を持っているのか、そうしたことに注目して、人々をセグメントする。

　これによって、どんな場所で働きかけ、どんな言葉を使って誘いかければいいかが見えてくる。

　それぞれの地域の方向性によって、デモグラフィック（人口学的な）特性及びジオグラフィック（地理的な）特性により対象を定めるとしても、それだけではなく、地域のライフスタイルやステイスタイルを示したストーリーを提示する。そのストーリーに共感するか否かを確認することで、費用対効果の高いセグメントが可能になる。

　例えば、先に述べたように、地域の実情や意思によって「公共交通機関を利用して当該地域から90分以内で通勤できる場所に職場があり、30歳未満であって、男性として自認する者」とデモグラフィック・ジオグラフィックにセグメントする。

　その上で、「生産地が近いのでおいしい食事ができ、美しい雪景色を楽しみ、その素晴らしさを自らが住むまちの人々に推奨することをきっかけに、自らを意味ある存在として把握し、希望を実現する」ストーリーを提示する。このストーリーに強く共感する人々をセグメントする。

　この手順で、私たちの地域に関係意欲を獲得できる的確な地域外ターゲットを設定できる。

　ここで、ペルソナが、地域の多様な魅力を用い、いったん挫

折しても地域に関与したり、地域の魅力を活用して立ち直り、自らの希望を実現するストーリーをつくりだすことを思いだしてほしい。

　なかでも、「地域に関与」と「いったん挫折しても」という2つの語句に注目してほしい。

　ここでは、「幸せ」について考えている。地域経営の目的は、地域に関わる人々の持続的な幸せを実現することだったはずだ。人の幸せとは「単に物質的な欲望が満たされること」ではない。この問題意識が「地域に関与」ということに結びつく。

　自らが何らかの形で「意味のある存在」となることが、幸福感を生みだす。人は無意味な存在ではなく、何かで、どこかで「意味のある存在」になりたがっている。それを実現できることが「幸せ」に結びつく。このことは後ほどデータでも確認しよう。

　それが正しいなら、地域の「顧客」としての存在にとどまるのではなく、「関与者」として、地域にとって何らかの意味のあるものとして存在することが意義を持つ。これは「関係人口」を、関係される地域側からだけではなく、関係する関与者の側から考えることにもつながっていく。

　もうひとつの「いったん挫折しても」についても考える。少し難しそうなことを次節で紹介する。「物語構造」という視点からの提起だ。

6 物語の構造が関係人口を育てる

　言語学者のアルジルダス・ジュリアン・グレマスが「物語構造」を分析した「行為項モデル」というものがある。

　少しではなくだいぶ難しいように聞こえる……。だが、問題ない。私が解釈しているだけなので、「へぇ〜」と思ってくれるだけでいい。後で楽しい白雪姫の話もある。

　行為項モデルでは、①主体、②援助者、③反対者、④客体、⑤送り手、⑥受け手という各要素によって物語が成立するものと考えられている。

　物語として成立する構造とは、①主体が、②援助者によって成長に向けて進むが、③反対者によって阻まれ、影響される存在としての④客体になる。その客体が⑤送り手の影響を受け、⑥受け手として変化するということだ（図表3-6）。

　この構造について、公共コミュニケーション学会第5回事例交流・研究発表大会において、伊藤拓洋らが「地域課題解決に向けたローカルヒーロー活用の可能性」という発表のなかで、白雪姫の物語に置き換えて説明している（図表3-7）。

　物語構造について考えるときにわかりやすいので紹介しよう。

　これによれば、白雪姫の物語は、

　①　何も考えていない「能天気な白雪姫」が主体として登場

図表3-6　行為項モデル模式図

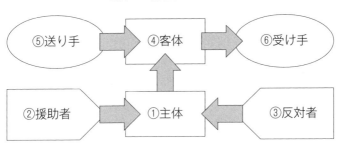

する。

② 　7人の小人が「能天気な白雪姫」を援助する。

③ 　主体への反対者である継母が現れる。継母は白雪姫に毒
りんごを与える。

④ 　「能天気な白雪姫」は毒りんごを食べたことで、「小屋で
眠る白雪姫」に変化し、客体となる。

⑤ 　送り手としての王子が登場し、客体のままである「小屋
で眠る白雪姫」にキスを送る。

⑥ 　キスを送られた「小屋で眠る白雪姫」は、キスの受け手
となることで目覚め、「危機感を持ち活動する白雪姫」と
なり、物語はハッピーエンドを迎える。

という構造を持っている。

　これを都合よく活用して、あるペルソナ（主人公）が地域に
おいて「関係人口」となるストーリーとして展開してみよう。

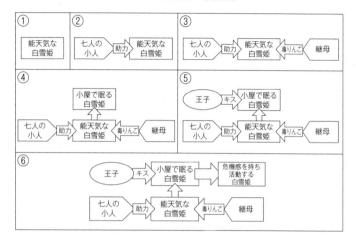

図表3-7　白雪姫の物語構造

出所：伊藤拓洋ほか「地域課題解決に向けたローカルヒーロー活用の可能性」を筆者改変

　原点としてのペルソナ（主人公）が「①主体」として存在する。その原点としてのペルソナに、地域の魅力が「②援助者」として関わり、自らの希望に向けて進む。しかし、その時点で何らかの理由が「③反対者」として現れ、いったん挫折する。

　中途で挫折したペルソナは、地域から影響を受ける存在である「④客体」となる。

　ここで、客体となったペルソナに対し、地域に関与する機会や、地域の魅力に触れる機会が「⑤送り手」として現れる。

　いったん挫折したペルソナが、これらの機会を的確に活用することで、「⑥受け手」として希望を実現したペルソナとなる。

　こうして、地域の多様な魅力を用い、いったん挫折しても地域に関与したり、地域の魅力を活用して立ち直り、自らの希望を実現するストーリーが生まれる。

　ここで大事なことは、このストーリーによって、希望を実現したペルソナである「⑥受け手」となった人物の変化だ。

　「⑥受け手」としてのペルソナは、地域のブランドとして差別的優位性を持ったストーリーによって、地域の魅力や地域に関与する機会を十分に意識しているはずだ。あるいは意識させる仕掛けをつくることも必要だ。

　これによって、「⑥受け手」であったペルソナAは、別のペルソナ（主人公）Bのストーリーにおいては、地域魅力の担い手のひとりとしての「②援助者」になり得る。

　また、同じく、ペルソナBが挫折から立ち上がるための、地域に関与する機会を体現する存在、地域魅力を担う存在である「⑤送り手」として、変化・成長していることへの期待ができる（図表3-8）。

　つまり、差別的優位性を持ったライフスタイル・ステイスタイルを表現する物語の創造は、地域ブランドの明確化にとどまらない、関係人口を創出する物語の創造という可能性を持つことになる。

　ペルソナの物語に、中途での挫折という要素を加えることで、ペルソナが関係人口ネクストステージとして変化・成長し

図表3-8　地域における関係人口創出の物語構造

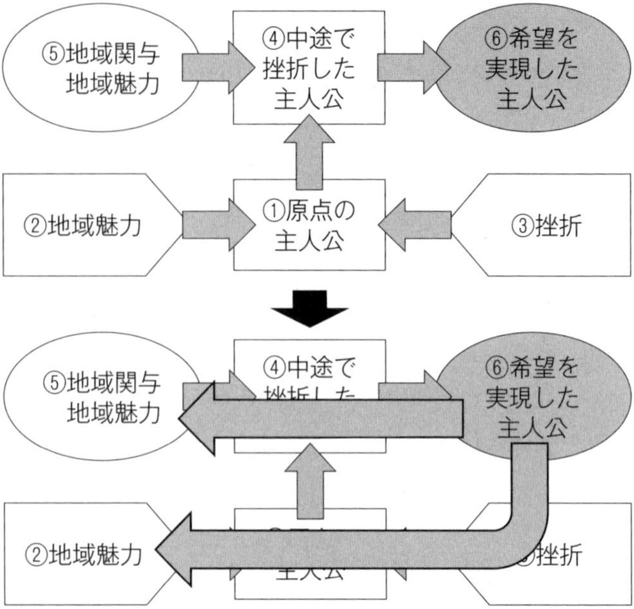

ていくストーリーとしても成立し得る。

　自らが何らかの形で「意味のある存在」となるストーリー。人が無意味な存在ではなく、何かで、どこかで「意味のある存在」になりたがっているとすれば、こうしたストーリーこそが、人を関係人口ネクストステージとして変化・成長させる。

　個別の地域魅力の編集として、固有性を持ったライフスタイル・ステイスタイルとしてのストーリーを創造し、ブランドと

して進化させる。このストーリー創造の定式化、パターン化も、ひとつの「お作法」だ。

　國領がプラットフォーム構築の第1要素とした「相互のつながり確認を容易にするコミュニケーション・パターンの設計」としても評価できる。

　物語構造では、①主体、②援助者、③反対者、④客体、⑤送り手、⑥受け手という役割が設定されている。このことは、関係人口を創出するプラットフォームの第2要素である「参加者それぞれが何をすればいいのかが理解できる役割の設計」にもつながる。

　しかも、それぞれの役割は決まりきったものではなく、ダイナミックに変化しつつ担われる。

　もちろん、「参加者それぞれが何をすればいいのかが理解できる役割の設計」は、物語構造のなかで仮説的に担われるだけではない。地域魅力創造サイクルへの参加者それぞれにとって、発散・共有・編集の各フェイズで何をするのかという役割も明確になっている。

7　推奨を促し、課題を解決し、魅力を増進する

　地域魅力創造サイクルにおける第4のステージが研磨のステージだ。ペルソナとストーリーにより明確化した、差別的優位性を持ったライフスタイル・ステイスタイルとしての地域ブランドを磨き上げる。研磨の方法は、推奨促進・課題解決・魅力増進の3つだ。

　まず、推奨促進から考えよう。

　何を推奨するのか。いうまでもない。ここまでの共創的な参画により提起された差別的優位性を持ったライフスタイル・ステイスタイルとしての地域ブランドを推奨する。

　誰の推奨を促進するのか。地域魅力創造サイクルを回転させる力は共創エンジンだ。であれば、もちろん、定住者や地域外から地域に関わる人々による推奨を促進しなければならない。

　推奨をしたという行為によって、定住者や地域外から地域に関わる人々を地域の当事者とし、関係人口ネクストステージに進化させる。

　事例を挙げよう。例えば、栃木県宇都宮市の「愉快ロゴ」の取組みがある。宇都宮市のブランドメッセージとして「住めば愉快だ宇都宮」がある。

　宇都宮市は、この「住めば愉快だ宇都宮」というメッセージやロゴの様々なバリエーションを認め、制作を支援する。居酒

屋では「飲めば愉快だ宇都宮」というメッセージになり、社会保険労務士の方は「研修が愉快だ宇都宮」というロゴをつくる。

　この間、市役所と意見交換したり、アドバイスをもらったりする。人間関係のなかで、愉快なまち宇都宮が推奨されていく。

　「研修が愉快だ宇都宮」を制作した社会保険労務士さんは、宇都宮をお勧めできる喜びをブログで語っている。当事者化であり、関係人口ネクストステージへの進化だ。

　東京都八王子市では「あなたのみちを、あるけるまち。八王子」というブランドメッセージが、まさに定住者や地域外から地域に関わる人々の参加、共創エンジンによる地域魅力創造サイクルによって提起された。

　「あなたのみちを、あるけるまち。八王子」のロゴもまた市内のデザイナーの方によって用意された。そのロゴでは八王子の「八」の文字がブーツを履いている。これによって「あなたのみちを、あるける」ことを示している。

　市行政では、ロゴ、ブランドメッセージ、ライフスタイルとしてのブランドそのものの推奨を促すために様々な工夫をしている。そのひとつに JR 八王子駅での取組みがある。

　八王子駅の駅名表示の「八」の文字に、ロゴと同じブーツを履かせてもらえるように、JR 東日本と折衝し、実現した。画期的なことだ。駅名表示で「遊べる」なんて、なかなか考えつかないだろう。

これにより、定住者や、まさに駅という立地だからこそ地域外から地域に関わる人々が、駅名表示を撮影した写真を使って八王子市のブランドを推奨することが、支援されている。

　岩手県北上市ではブランドメッセージとして、次の言葉を提起した。

　「KitaComing！北上市　やっぱり、北上だよね。—世界中のどこよりも、あなたにいちばん愛されるまちでありたい。世界中の誰よりも、このまちで暮らすあなたと未来を歩みたい。いつまでも誇れる北上のために、もっとふるさとに溶け込もう、飛び込もう。一人ひとりの北上愛が、自慢のまちをつくる力になるから。」

　こうした提起への推奨を促進するために、「教えてください。あなたの『やっぱり、北上だよね！』北上市PR動画コンテスト」を実施した。応募資格は、「北上市が好きで北上市の魅力を発信したい個人や団体（現在北上市に住んでいる人、これまでに北上市に住んだことがある人、北上市へ通勤・通学の人、北上市を訪れたことのある人など、北上市に関わったことのある人や、当該個人が1人以上在籍する団体）」とした。

　こうしたライフスタイル・ステイスタイルとしてのブランドの推奨促進に、一定の信頼性を持つ行政や、公共に関わる組織が取り組むことは、國領がプラットフォーム構築の第4要素とした「効果的なつながりを生むための信頼形成メカニズムの設

計」にとって、有効な支援となるだろう。

　「効果的なつながりを生むための信頼形成メカニズムの設計」については、そうした呼びかけ主体への信頼にとどまらない、参加者相互が連携できる仕掛けづくりが、さらに重要となる。

　その意味で、八王子市や北上市、静岡県袋井市で行われた「ブランドメッセージ総選挙」の取組みにも注目できる。

　ブランドメッセージ総選挙では、定住者や地域外から地域に関わる人々が単に個人として投票するのではなく、複数のメッセージ案について、それぞれサポーターチームをつくって「選挙運動」を行った。

　これにより、効果的なつながりを生むための信頼形成メカニズムの設計が可能になっている。

　地域魅力創造サイクル「研磨」フェイズのもうひとつの側面は、地域課題の解決・地域魅力の増進によるブランドの管理・進化だ。

　地域ブランドが差別的優位性を持ったライフスタイル・ステイスタイルとすれば、それを維持するだけではなく、磨き上げるという意味で重要な側面である。

　ブランドはどこに向けて磨き上げるのだろうか。その方向は、地域ブランドを構成するライフスタイル・ステイスタイルに強く共感する人々に聞けばいい。

　それぞれの地域が提起したライフスタイル・ステイスタイルに強く共感する人々を地域内外から探索し、「提起されたライ

フスタイル・ステイスタイルを基礎に考えたときに、地域が解決すべき課題、地域がさらに増進すべき魅力は何か」を尋ねる。

　回答を基礎に、課題解決・魅力増進を優先順位をもって行うことで、継続的なブランド研磨、ブランド更新が可能になる（図表3-9）。

　このことに関わって、民間のマーケティングの考え方にあるSTPという考え方について言及しよう。

　STPとは、まず、狙うべき対象をセグメント（Segment）し、次にそのセグメントした対象に訴求できるだけのターゲティング（Targeting）を考え、その上で製品のポジショニング（Positioning）を行うというものだ。

　しかし、地域においては、この考え方をそのまま適用することには無理がある。地域には長年にわたりまちを支えてきた人

図表3-9　ブランドとターゲットの循環

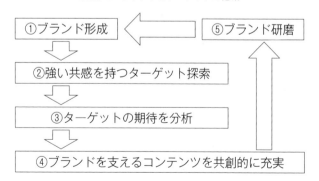

が存在し、いわば「知層」とでもいうべきものが形成されている（「知層」については、河井孝仁編著『「地域の人」になるための8つのゆるい方法』（彩流社、2019年）の第8章で荻野健一が分析を行っている）。

　地域においては、そうした人々、そうした「知層」へのリスペクトが求められる。地域においては、そうした人々や「知層」を形成するものが「魅力」として存在する。

　そのために、まず、地域魅力創造サイクルを用いて、訴求すべき差別的優位性を持ったライフスタイル・ステイスタイルをブランドとして、地域のポジショニング（P）を行う。その上で、そのブランド→ポジションに強く共感するものをセグメント（S）し、ターゲティング（T）を行う。STPではなくPSTになる。

　しかし、図表3-9で述べたブランドとターゲティングの循環を考えれば、PSTでは終わらず、再びブランド→ポジションを更新することでPSTPという循環が行われている。

　この循環により、地域のブランドが磨き上げられる。課題が解決の方向を見せ、魅力が増進される。そうなれば、地域魅力創造サイクルに関わった、地域のブランドに強い共感を持つ人々は「自らは意味がある」という思いを持つことができる。

　國領が、プラットフォーム構築の第3要素とした「参加したい・活動したいという意欲をつくるためのインセンティブ（誘因）の設計」につながる取組みである。

ここまで述べてきた地域魅力創造サイクルが、実際に関係人口を創出・拡大した事例を見よう。

　長崎県五島市では2018年４月に「五島市PR指針」を策定している。指針は、市民や市外ターゲットの五島市への愛着・推奨意欲を高めることで、市の事業や意欲ある市民等による取組みに関与する人を増やすことを目指している。

　五島市では、このPR指針により、地域魅力創造サイクルに基づいたワークショップが行われた。五島市はＵターンやＩターンが多いまちだ。そうしたＵターンやＩターンの人々を積極的にメンバーとした。共創エンジンの担い手である。彼らとともに、地域の魅力を過剰に発散した。

　発散した魅力を基礎に、地域のライフスタイル・ステイスタイルを示す、複数の「みんなでお出かけ」ツアーの案をつくった。ここまでの時点で、参加者に、とりわけＵターン、Ｉターンの人々に地域の魅力を改めて認識する様子が見られた。関係意欲の基礎だ。

　次に、実際に行うツアー案を参加者の投票によって選んだ。このとき興味深いことが起きた。１位を逃し、「みんなでお出かけ」からは外れたツアー案を、提案したグループが独自でも行いたいと述べたのだ。

　ツアー案の内容は、五島市の歴史を基盤にしたもの。その歴史は必ずしも正史ではなく、「そういうこともあったようだ」

という外伝めいたものだった。結果として、グループメンバー以外の多くの方が参加して、そのツアーは行われた。

　これを主導したメンバーは、Ｉターンの若者だった。当初、必ずしもグループに十分に溶け込んではいないように見えた若者は、この頃から大きく変化した。積極的にグループに関わり、グループ間の連携にも気を配るようになった。

　「みんなでお出かけ」ツアーや外伝ツアーも踏まえて、五島市のライフスタイル・ステイスタイルの差別的優位性を示すストーリーがいくつもつくられた。

　そのストーリーをもとにつくられたブランドメッセージがある。

　「わたしがわたしに還る島―今日も海は果てしなく広い。夜空を見上げれば、星がキレイ。隣の漁師さんからもらった魚が美味しい。ああ、極上。魂の解放、こころの再生。あたりまえの日々の中で、わたしは"人間"に戻る。ここは都会のような"便利さ"も"サービス"も"娯楽"もないけれど、わたしがわたしでいられる、お金では買えない暮らし。自分を見つめ直し、可能性と向き合い、表現できる場所。島は私を映し出す万華鏡（カレイドスコープ）」

　このブランドメッセージづくりを主導し、原案を提起したのは、あのＩターンの若者だ。彼は、その後、五島市を離れ、今は別の町に住む。しかし、今でも五島への気持ちは強い。関係人口をつくるとはこういうことでもあるだろう。

8 地域ブランドをアウトプットする

では、地域魅力創造サイクルによって明確にされた、ライフスタイル・ステイスタイルとしての地域ブランドは、どのように地域内外に訴求され、関係意欲の拡大という形での関係人口の確保につながるのか。

ここで、様々なアウトプットが活用される。ブランドメッセージであり、ブランドロゴであり、自治体動画であり、ブランドストーリーブックであり、ライフスタイルブックなどである。

さらに興味深いアウトプットとして、具体的な場所やイベントがある。これらの場所やイベントはシンボルにとどまらず、地域への当事者化、関係人口への成長を不断に実現するツールともなる。

具体的に挙げるのなら、茨城県小美玉市の四季文化館「みの〜れ」がある。小美玉市での暮らし、ライフスタイルというものが、「みの〜れ」で行われる多様な取組みによって見える化されている。

また、地域で利用できる農産品が地域の人の技で料理され、おいしく食べられる場所も、ライフスタイル・ステイスタイルとしての地域ブランドのアウトプットとなる。島根県飯南町にあるミセス・ロビンフッドというレストランも好例であろう。

　レストランで、ひとつ、言葉を思いだした。テロワール。ワインに関わる言葉だ。

　テロワールは、ワインの原料であるブドウが育つための総合的な環境だ。「場所」「気候」「土壌」など、ブドウを取り巻く自然環境を総合化した言葉。

　ブドウは特に土壌の影響を受けやすい果物だ。だからこそ、同じ品種のブドウを使っても、それぞれの地域のワインには決して隠せない個性がある。テロワールがワインに与える個性。

　地域魅力創造サイクルが、定住者や地域外から地域に関わる人々に、地域のライフスタイル・ステイスタイルをつくりだすテロワールを見いださせる。

　2019年11月にドイツ・ミュンヘンを訪れた際に現地居住者から聞いた言葉がよみがえる。

　「地域にある教会は宗教施設でもあるけれど、地域の人々がともにつくり、守ってきた、地域のシンボルでもある。この教会をつくり、守ってきたことが、私たちのプライドにもなっている」と。

　これと同じ趣旨の言葉は、私が愛媛県今治市で訪れた「村上海賊ミュージアム」館長からも聞くことができた。

　博物館やその地域に関わる作家、アーティストの作品が展示された美術館もまた、定住者や地域外から地域に関わる人々の暮らしにひも付いたプライドに基づくブランドを形成してい

る。「知層」にもつながる思考である。

　今治市の離島である大三島に、今治市伊東豊雄建築ミュージアムがある。ここで開かれる展覧会は、大三島という地域のライフスタイルに根差している。2017年には「新しいライフスタイルを大三島から考える」という展覧会が行われた。

　その展覧会の図録には、伊東豊雄の言葉が書かれている。「島に来ると違います。外で畑仕事をしている人の近くを車で通ると、必ず声をかけてきます。真っ黒に日灼けした笑顔には都会の人にはない表情があります。『人ってこういう存在だったんだ』、都会の生活で忘れていたことを思い出させてくれるのです。思い出させてくれるのは人の存在だけではなく、風景の記憶です…」。

　また、私が訪れた2019年には「聖地・大三島を護る＝創る2019」という展覧会が行われていた。魅力ある美術館建築のなかに、「家族のために持続可能な農業を考える　花澤伸浩（有機柑橘農家）」「ワインを通して循環する暮らしを考える　芥川はるか（「大三島みんなのワイナリー」スタッフ）」「『人と人・地域』を結び、故郷の暮らしと文化を次世代に繋ぐ　菅航輝（旅館さわき若旦那、合同会社ステキナ代表）」、そして私が島で出会った「自分達にしかつくれないビールで大三島の魅力を伝える　高橋享平・高橋尚子（「大三島ブリュワリー」経営者）」。彼らの思いやたたずまい、暮らしが写真パネルや言葉で

つづられている。

　ライフスタイル・ステイスタイルとしての地域ブランドのアウトプットとはこういうことでもある。

　建築家ということから思いだせば、ドイツ・ミュンヘンのピナコテーク・デア・モデルネという現代美術を展示する美術館で観覧したインドの建築家、バルクリシュナ・ドーシ（Balkrishna Doshi）の展覧会を思いだす。

　そこには、ドーシの「人々はどのように生きているのか。人々はどこへ行き、何をするのか。（このことを踏まえて）人々のコミュニケーションと相互作用を促進する都市計画をどのように作成するのか」という言葉があった。

　ライフスタイル・ステイスタイルとしての地域ブランドという発想と響き合う言葉だ。建築もまた、ライフスタイル・ステイスタイルに磨き上げられ、また、ライフスタイル・ステイスタイルを磨き上げるアウトプットのひとつだ。

　会場にはその考え方を裏打ちするように、展覧会解説として「人々の日常生活に対するドーシの関心は、彼の都市計画と彼の建築の特徴である。彼は、構築された環境には深遠なものがあると考えている」（傍線筆者）とも書かれていた。

　定住者や地域外から地域に関わる人々が自らの暮らしを基礎に生みだすことで、ライフスタイル・ステイスタイルとしての地域ブランドのアウトプットとなっているイベントもある。

小美玉市で行われた全国ヨーグルトサミットは、小美玉市の暮らしの力を示すものであった。また奈良県生駒市の IKOMA SUN FESTA もそうしたイベントのひとつに数えられる。

　こうしたアウトプットを新たにつくることが、常に求められるわけではない。既にある、地域メディアと呼ばれるような存在を、ライフスタイル・ステイスタイルとしての地域ブランドのアウトプットとして位置付けることもできる。

　「東北食べる通信」をはじめとする雑誌に「○○食べる通信」という一連の地域メディアがある。この「○○食べる通信」は文章だけが内容ではない。むしろ、付録されている地域の食材が大事になる。地域の暮らしを食から表現し、言葉だけではなく食材とともに、ライフスタイル・ステイスタイルとしての地域ブランドを示している。

　神奈川県真鶴町には、「泊まれる出版社」として活動する真鶴出版がある。真鶴出版は『やさしいひもの』という冊子を発行している。『やさしいひもの』には、町内のお店で干物と交換できる「ひもの交換券」が付いている。真鶴での暮らしの一端を表現する、とても興味深い地域メディアだ。

　このように、ライフスタイル・ステイスタイルとしての地域ブランドのアウトプットは多様にあり得る。ただし、それらは、定住者や地域外から地域に関わる人々との共創によってつくられなければならない。

　時として、地域ブランドのアウトプットの制作が先行し、それが地域のライフスタイル・ステイスタイルを十分に表現できていないものがある。ロゴやキャッチフレーズをつくることが目的となってしまう失敗だ。

　アウトプットの制作に当たって、専門家や行政だけが先行し、定住者や地域外から地域に関わる多様な人々が参加しない、単なる顧客として扱う例がある。

　関係人口の形成にとって、最も避けなければならない形だ。

　ブランドメッセージやブランドロゴ、自治体動画、ブランドストーリーブック、ライフスタイルブック、地域イベント、地域内の「場所」などを地域ブランドのアウトプットとしてつくり、既存の地域メディアを地域ブランドのアウトプットとして位置付ける。その際に気に留めなければならないこととして、以下のようなことが挙げられるだろう。

- ・一定の地理的範囲を画定し、その地理的範囲を明確に意識できる内容にすること
- ・地域の「記憶」「知層」を大事にすることで、過去から現在につながる居住者の納得を得ること
- ・未来に向けて、定住者や地域外から地域に関わる多様な人々が「参加できる」余地を残すことで、地域への関わりを可能とすること
- ・単独の要素の羅列にとどまらず、それらを組み合わせた

「編集」により、新たな価値をつくりだすこと

・地域において経験できる「ライフスタイル」「ステイスタイル」を伝えること

・プロフェッショナルが「伴走」し、コンテンツとして十分に優れたものにすること

こうしたことに気を留めた地域ブランドのアウトプットの的確な構築や活用が、関わる人々の効果的なつながりを生む。そこには、参加者、関与者の信頼がある。効果的なつながりを生むための信頼形成メカニズムである。

そう、「効果的なつながりを生むための信頼形成メカニズムの設計」。國領が述べている、プラットフォーム構築の第4要素である。

地域ブランドのアウトプットの的確な構築、活用は、田中が挙げていた「信頼性のネットワーク」としても機能する。関係人口を獲得するための必要要素のひとつである。

9　地域魅力創造サイクルと関係人口をつくるプラットフォーム

　ここまで、「発散」「共有」「編集」「研磨」の４つのステージで構成される地域魅力創造サイクルについて述べてきた。

　そこでは、地域魅力創造サイクルが、関係人口を獲得するプラットフォームとして機能する可能性について十分に考えてきた。

　改めて確認しよう。

　プラットフォーム構築の前提となるものに「資源の持ち寄り」があった。地域魅力創造サイクルの「発散」ステージにおける、共創エンジンを担う人々による地域魅力の過剰な発散は、地域の「知」という資源の持ち寄りであると考えられる。

　國領によれば、プラットフォーム構築の第１要素として「相互のつながり確認を容易にするコミュニケーション・パターンの設計」がある。

　地域魅力創造サイクルが４つのステージにより構成され、それぞれのステージで何が行われるかが定められていることは、「相互のつながり確認を容易にするコミュニケーション・パターンの設計」に当たるだろう。

　さらに、地域魅力創造サイクルの「編集」ステージでの、個別の地域魅力から、ライフスタイル・ステイスタイルとしての

ブランドを形成するためのペルソナとストーリーの活用、ストーリー構成のパターン化は、明らかに「相互のつながり確認を容易にするコミュニケーション・パターンの設計」を達成している。

　プラットフォーム構築の第2要素は「参加者それぞれが何をすればいいのかが理解できる役割の設計」とされる。

　地域魅力創造サイクルでは、既に述べたように、4つのステージにより構成され、それぞれのステージで何が行われるかが定められていることにより、「参加者それぞれが何をすればいいのかが理解できる」状況にある。

　それに加え、「編集」ステージでは、物語構造における、主体・援助者・反対者・客体・送り手・受け手という役割の明確化が行われている。

　ストーリーを創作する定住者及び地域外から地域に関わる人々が、自らを物語の登場人物として意識することによって「参加者それぞれが何をすればいいのかが理解できる役割の設計」につながっている。

　第3の要素である「参加したい・活動したいという意欲をつくるためのインセンティブ（誘因）の設計」はどうだろう。地域魅力創造サイクルの「共有」ステージでは「みんなでお出かけ」において「おもしろそうな人」「楽しそうな場所」としてのインセンティブが設けられている。

　また、「研磨」ステージでは、共創エンジンの担い手たちが、ブランド推奨や課題解決、魅力増進を実現する。これによって担い手たちは「自らは意味がある」という思いを持つことが可能になる。これは高次のインセンティブだろう。

　國領が提起した第4の要素である「効果的なつながりを生むための信頼形成メカニズムの設計」については2つの面から述べることができる。

　ひとつは、地域魅力創造サイクル全体に、一定の信頼性を持つであろう行政による支援があるとともに、専門家による伴走が推奨されていることが挙げられる。

　2つ目には、「編集」ステージで形成されたライフスタイル・ステイスタイルとしての地域ブランドのアウトプットの構築、活用に関わる。

　アウトプットが、的確に構築され、活用される際に「効果的なつながり」が要請される。これによって「効果的なつながりを生むための信頼形成メカニズムの設計」が可能となる。

　さぁ、地域魅力創造サイクルは、関係人口をつくるプラットフォームを構築する4つの要素を備えていることが分かった。地域魅力創造サイクルはなかなか考えられた設計だった。一息入れよう。

　……でも、実はまだ足りないことがある。國領が挙げた最後の条件、残されたボスキャラは「参加者自身の内部変化のマネ

ジメント」だ。さて、どう攻略しよう。

　関係人口を獲得するプラットフォームとして地域魅力創造サイクルの可能性を検討してきた。しかし、残念ながらここまでか。

　そうでもない。地域魅力創造サイクルは、確実に「参加者自身の内部変化」を起こしている。

　私は様々な地域で、この地域魅力創造サイクルに基づくワークショップを実践してきている。その際に、共創エンジンの担い手であるワークショップの参加者に対し、「発散」「共有」「編集」の各ステージの前後に、「あなたは、この地域を知人友人にどれだけの気持ちで推奨しますか。10から0の間で答えてください」とお願いする。そう、NPS、関係人口ネクストステージとしての定量化を行うための質問だ。

　そして、各ステージの前後でNPSは必ず上昇する。驚くほど「必ず」。そこでは「参加者の内部変化」が起きている。最終ステージをクリアした。

　いや、ゲームは続く。地域魅力創造サイクルは1周だけでは終わらない。そしてひとつの場所でも終わらない。多発的に何周も回転させることで、地域における関係人口の層は厚くなる。

　栃木県那須塩原市は、2015年に地域魅力創造サイクルに基づく、定住者や地域外から地域に関わる人々の参加によるワークショップを行った。その成果のひとつが、ブランドメッセージ「チャレンジ ing 那須塩原」だ。

　しかし、那須塩原市はそこに立ち止まらない。継続的に地域魅力創造サイクルに基づくワークショップを行い、2018年に新たなブランドメッセージを発表する。メインコピーは「エールなすしおばら」、サブコピーが「夢が動き出すまち」。

　富士市でも、ライフスタイル・ステイスタイルとしてのブランドのアウトプットとして、ブランドメッセージ「いただきへの、はじまり　富士市」を2017年に提起した。

　そのブランドメッセージには、ライフスタイル・ステイスタイルをより明確にするために、ボディコピー「このまちに暮らすと、目線が上がる。だって、そこには日本一の頂があるから。このまちに暮らすと、心が広がる。だって、ここにはどこまでも続く海があるから。気づけば、いつも恵みの中。だから、どんな一歩だって踏み出せる。毎日がはじまり。じぶんの頂へと歩んでいこう。」を付した。

　その上で、地域魅力創造サイクルの「研磨」ステージに当たるブランドメッセージ大作戦を継続的に行っている。

　例えば、駿河湾の海抜ゼロメートルから富士山頂（海抜3776メートル）へと、一歩ずつ歩みを進める動画を市民や地域外から地域に関わる人々とともに地域ブランドのアウトプットとして制作する。

　さらに富士市では、地域ブランドを体現する、自分なりの頂を目指して、一歩踏みだす（チャレンジする）人、その歩みを

応援する人、とにかく富士市のことが好きな人を「富士青春市民」として募集し、積極的に訴求する。

　地域において継続的に関係人口を育て、関係人口ネクストステージとして定量化した mGAP を向上させるためには、このように多発的に何周も、地域魅力創造サイクルを回転させることが必要になる。

　休んではいられない。こうした日常的な取組みが、定住者や地域外から地域に関わる人々の持続的な幸せを実現する資源としての関係人口をつくりだす。

　足利市では、市民・行政、さらに住んではいないが足利に関わる人々の参加を得て、地域魅力創造サイクルに基づく取組みが熱心に行われた。

　そのなかで、人々の意欲は増し、2019年には「『素通り禁止！』がくれたもの―足利シティプロモーションシンポジウム」が開催された。シンポジウムには多くの人々が足を運び、まちのキーパーソンになる人たちの姿も見られた。

　これらの活動は、「これからの足利シティプロモーション2019」に結実している。

　袋井市でも２年間にわたり、地域魅力創造サイクルに基づくワークショップが行われた。

　その結果は「住人十色　ちょうどいい暮らし」をメインコピーとするブランドメッセージに結びついた。

　それにとどまらず、来住外国人を意識した『東京⁉ 大阪⁉ んっ…フクロイ？』、定年を機会に都会から袋井に移り住んだ男性が活躍する『袋井で見つけた！自分らしい第2の人生』、出身地の袋井市にUターンした主人公の物語『都会暮らしにちょっと疲れたあるエンジニアのリスタート恋物語』という、ブランドストーリーブックが作成された。

　いずれの事例でも、参加者のまちへの関係意欲は増大している。しかし、ここでとどまってはならない。地域魅力創造サイクルの多発的・継続的な回転があってこそ、関係意欲の持続的な向上が可能となる。

　地域魅力創造サイクルの多発的・継続的な回転のひとつとして、より具体的に関係人口をつくりだす「関係人口創出サイクル」も考えられる。

　例えば、地域出身で都会で働く・学ぶ若者たちなど関係人口予備群として期待する人々に対し、地域魅力創造サイクルの「発散」「共有」「編集」ステージを用いたワークショップを行う。

　なお、第1章の木津は「予備軍」との用字であったが、ここでは、より望ましい標記だと考える「予備群」と言い換えている。

　これによって、地域の魅力や関与できる機会を素材として実現可能な、しかしいまだ実現には至っていない、【可能態】であるライフスタイル・ステイスタイルとしてのブランドを明ら

かにする。

　関係人口創出サイクルは、地域魅力創造サイクルによって提起したブランドの明確化を踏まえた、もうひとつのサイクルとなる。

　関係人口創出サイクルの発散ステージでは、既に確認した地域魅力に加え、参加した関係人口予備群たちの持つ、スキルやリソースを積極的に提起する。

　編集ステージでは、関係人口予備群として参加した人々の「集合名詞」として、それぞれのスキルやリソースを選択的に併せ持ったペルソナを設定する。

　このペルソナが、自らのスキル・リソースや地域魅力を活用し、可能態としてのライフスタイル・ステイスタイルと、現状のギャップを埋めていく物語・ストーリーをつくる。

　関係人口創出サイクルの特徴として、上記の可能態としてのライフスタイル・ステイスタイルと、地域の現状とのギャップの確認、ギャップを埋める存在としての自らの存在意義の明確化がある。

　これによって、関係人口予備群として期待する参加者が、それぞれの持つスキル・リソースを活用することで、地域にとって「意味のある存在」となる姿が可視化される。

　この過程を経ることで、関係人口予備群として期待する人々が、「意欲ある関係人口」として変化・成長することが期待される。

第 **4** 章

「意欲」は「状況」を
生みだせるのか

つまり

はぁ

「関係人口」にも課題はあるんですね

だから その上を行く「仕掛け作り」が必要ってことですね

うーん…

どうしたのほとり？

その「仕掛け作り」ってさー

すべて行政の人たちがやる、ってことですかー？

ビシッ

行政だけで出来ることなんて…

たかが知れてる

ドン

言い切った！？

まちづくりの主役は…

あくまでも「住民」だ

そして重要なのは「仕掛け作り」じゃなく、

その仕掛けを動かすことだ

それって…？

つまりは住民の…

「意欲」を作ることこそが

バッ

最も重要なんだ

いくら行政が機械的に音頭をとっても住民は動くものじゃない

やらされ感が見えると人は動かない

たしかにそうだよねー

キッ

わたしもお仕着せ的にやらされるのは大っ嫌いだわ

つまり地域住民の意欲を押し上げる…

す…

「推奨（奨めたい）」
「参加（やりたい）」
「感謝（ありがたい）」

…という三つの「地域参画総量」をどう増やすか、がカギになる

なるほどー

地域の「推し」を増やすってことだねー

地域を推奨する意欲は…

カッ

間違いなくその地域のエネルギーになる

エネルギーかぁ

ピク

ちなみにわたしのエネルギーは毎食二合のごはんだよー

お前はそれを勉強で消費しろ

ばーん

はぁ…

あ、でも…

どうしたの？いづみん

こうしたプランを動かした場合「成果の検証」をどうやってしていくんですか？

あーたしかに

検証が曖昧じゃ関係人口と同じ？

たしかに こうした「仕掛け作り」や動かすことも重要ですけど

それは後述の本文で詳しく説明するが

mGAP

mGAP（修正地域参画総量指標）により成果を算出しチェックすることが必要になってくる

つまりは成果をチェックすることで弱点を見極め…

無駄を省くことでやるべきことを理解できるようになる

なるほどー

それともうひとつ

成果を確認できることで…

シティプロモーションの関与者の成長が見える

それが地域内の連携強固に繋がるんだ

つまり、弱みを知ることで補完しあえるってことですね

確かに自分の弱みって気付きにくいもんねー

プライド高い人は特にねっいくのん？

なんで私に振るのよっ！？

1 地域に「稼ぐ力」を生みだす関係意欲の向上

　ここまで、関係人口ネクストステージとして、関係人口の「量」を人口×意欲指数、言い換えれば、各個人×個々の意欲の総量という二次元で考えてきた。

　しかし、「関係」を行為としてではなく、意欲として捉えることは、地域に関わる人々の持続的な幸せを実現する資源としては、不十分ではないだろうか。

　この章では、意欲が資源になり得るかという課題に対して、2017年から2019年まで各年に行ったアンケートのデータから答えていきたい。

　まず、前章で示した2019アンケートの前年である2018年に実施した、こちらもNTTコムオンライン・マーケティング・ソリューション協力のウェブアンケート（以下「2018アンケート」という）を参照する。

　2018アンケートは、2018年10月に全国の男女500人を回収目標とし、性別年齢を人口比としてウェブを用いて実施した。

　2018アンケートでは「あなたは、地元産品と他の地域の産品が目の前にあったときに、どのように、購入を決めますか」という質問を行った。

　その質問への回答と、「あなたは、自分が住んでいる地域（市町村）を、知人友人におすすめしたいと、どのくらいの気

持ちで思いますか」という質問への回答のクロス結果を見てみよう。

「あなたは、地元産品と他の地域の産品が目の前にあったときに、どのように、購入を決めますか」については、

・地元産品のほうが少し高価でも地元産品を選ぶ

・地元産品と他の地域の産品が同じ値段なら地元産品を選ぶ

・地元産品であるか他の地域の産品であるかは気にしない

・地元産品は選ばない

の4つの選択肢から回答を得た。

また、「あなたは、自分が住んでいる地域（市町村）を、知人友人におすすめしたいと、どのくらいの気持ちで思いますか」については、「最も強く思う　10」から「全く思わない　0」の11段階から回答を得た。その結果が図表4-1である。

図表4-1からは、mGAPでの推奨者である10から8に当たる人の80%が「地元産品のほうが少し高価でも地元産品を選ぶ」又は「地元産品と他の地域の産品が同じ値段なら地元産品を選ぶ」と答えている。

それに対し、5から0と答える否定者で同様に答える人は40%にとどまる。かえって、それら否定者の20%以上が「地元産品は選ばない」と答えている。

地域推奨意欲の高さが地元産品購入に影響を与えている可能性がうかがわれる。

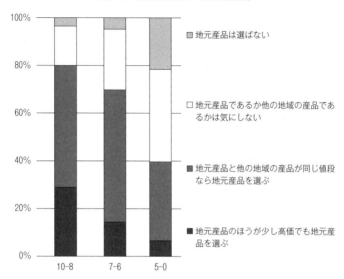

図表4-1　地域推奨意欲×地元産品選好

凡例（上から）:
- 地元産品は選ばない
- 地元産品であるか他の地域の産品であるかは気にしない
- 地元産品と他の地域の産品が同じ値段なら地元産品を選ぶ
- 地元産品のほうが少し高価でも地元産品を選ぶ

　次の質問は「あなたは、地元に『働く場』があるときに、他の地域で働くことも検討しますか」というものだ。

　この問いへの回答と、先ほどと同じ「あなたは、自分が住んでいる地域（市町村）を、知人友人におすすめしたいと、どのくらいの気持ちで思いますか」という質問への回答とのクロス結果が図表4-2である。

　「あなたは、地元に『働く場』があるときに、他の地域で働くことも検討しますか」という問いには、

　　・地元に「働く場」があれば、他の地域で働くことは検討せ

図表4-2　地域推奨意欲×地元就業意欲

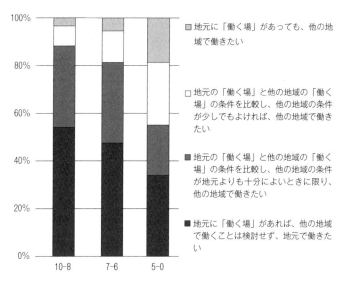

ず、地元で働きたい

・地元の「働く場」と他の地域の「働く場」の条件を比較
　し、他の地域の条件が地元よりも十分によいときに限り、
　他の地域で働きたい

・地元の「働く場」と他の地域の「働く場」の条件を比較
　し、他の地域の条件が少しでもよければ、他の地域で働き
　たい

・地元に「働く場」があっても、他の地域で働きたい

という4つの選択肢を用意した。

ここでも図表4-2のように興味深い結果が示されている。

推奨者に当たる10から8と答えた人は、50％超が「地元に『働く場』があれば、他の地域で働くことは検討せず、地元で働きたい」と答えている。

また、「地元の『働く場』と他の地域の『働く場』の条件を比較し、他の地域の条件が地元よりも十分によいときに限り、他の地域で働きたい」と答えた人を加えれば90％近くとなる。

一方で、地域推奨意欲を5から0と答える否定者で、「地元に『働く場』があれば、他の地域で働くことは検討せず、地元で働きたい」と答えた人は30％強にすぎない。

さらに、「地元の『働く場』と他の地域の『働く場』の条件を比較し、他の地域の条件が地元よりも十分によいときに限り、他の地域で働きたい」と答えた人を加えても、50％余りにとどまる。

一方で、否定者では「地元に『働く場』があっても、他の地域で働きたい」とする人が20％近く存在する。

ここでも、地域推奨意欲の高さが地元就業意欲に影響を与えていると考えることが可能だ。

このことは、地域の「稼ぐ力」に関わる。

第2章の「2　関係人口を定量化するmGAP」で出しておいた宿題があった。

「『熱を持ったしなやかな土台の厚み』が、地域の『稼ぐ力』

の可能性に関わっている。……意欲は『可能性』にすぎない。この『可能性』が『状況』をつくりだすことができるのか」という設問だ。

この宿題に答えよう。

地域において、積極的に生産を行い、かつ地元雇用に積極的な事業者があったとする。

しかし、その地域において、地域への推奨意欲が低い否定者の人口が多かったらどうなるだろうか。

せっかく地元産品を生産しても、その産品が地元では十分に売れないということになる。また、事業者が懸命に新たな職場をつくったとしても、その職場を選ぶ人が少なくなる。

積極的な産業振興によって、地元で生産が増加し、就業先が増えたとしても、地域への地域関係意欲の向上が伴わなければ、無駄が多い施策になる。

逆に、地域への推奨意欲が高い推奨者人口が多ければ、生産された地元産品の購入は拡大し、就業者の増加を見込んでの事業展開も可能になる。

地域への関与意欲の向上は可能性にとどまらず、「稼ぐ力」という状況をつくりだすことが明らかだ。宿題への回答、その1を書き終えた。

2 地域関係意欲と主権者意識

　先に、定住人口の多くが「行政等による公共サービスの顧客という意識を持つにとどまる、言い換えれば地域に関与する意欲が不十分であるとすればどうだろうか。その結果は行政の肥大であり、主権者としての意識の衰退につながるだろう。さらには、誤った政治や行政の看過にもつながりかねない」と述べた。

　この主権者としての意識に直接つながる質問である「あなたは、市町村長や市町村議会議員の選挙の際に投票に行きますか」への回答を2019アンケートから確認する（図表4-3）。

　わかりやすい結果だ。地域を推奨する意欲が高い人が、自らを主権者として意識し、行動する。

　この投票という行動については、若年者の投票率の低さが課題とされている。国政選挙の例にはなるが、2019年に行われた第25回参議院議員通常選挙について、総務省が調べた年齢別投票者数から計算すると、60歳代及び70歳代の投票率が64.7%であるのに対し、20歳代及び30歳代の投票率はわずか35.3%にすぎない。

　このままでは、まともな投票民主主義は成立しなくなるだろう。専ら高齢の人が選択する政策が行われるようになる。その結果、さらに若者は政治に対し意欲を失う。

　もちろん、こうした危惧は共有されている。投票を呼びかけるポスターにアニメやアイドル、同じ若い世代の人物が用いら

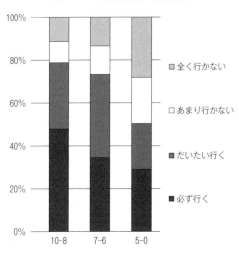

図表4-3　地域推奨意欲×投票意向

（凡例）
■ 全く行かない
□ あまり行かない
■ だいたい行く
■ 必ず行く

れることも少なくない。

　ここで、図表4-4として、20歳代・30歳代だけを取り上げ、地域推奨意欲と投票意向の関係を確認する。

　図表4-3と図表4-4を比べてみよう。地域推奨意欲が10から8の推奨者においては、全体と20歳代・30歳代のいずれも「必ず行く」とする人が50％を若干下回り、「だいたい行く」とする人を合わせると、いずれもおおむね80％となっている。

　ところが、地域推奨意欲が5から0である否定者では様相が異なる。全体では「必ず行く」とする人が30％ほど、「だいたい行く」を合わせると50％であることに対し、20歳代・30歳代

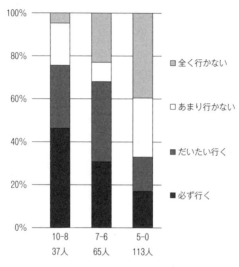

図表4-4　地域推奨意欲×投票意向（20歳代・30歳代）

凡例：
■ 全く行かない
□ あまり行かない
■ だいたい行く
■ 必ず行く

では「必ず行く」が20％を割り、「だいたい行く」を含めても30％をわずかに超えるにとどまる。

　若年者ほど、地域推奨意欲が投票意向に与える影響が大きいということができる。

　ポスターの工夫など若者向けの投票率向上のための試みは確かに重要だろう。しかし、この結果を基礎とすれば、地域への関与という視点からの有権者教育が重要であることがわかる。単に「ヤングでナウくトレンディな」、いやターゲットとする若者に興味を持たせる投票奨励ポスターを貼っただけでは、上滑りに終わってしまう可能性は小さくない。

3　協働による福祉を実現するために

　ここで取り上げるのは、「地域で困っている人がいたときに、あなたの気持ちは、以下のどれに近いですか」という質問である。

　この質問の回答選択肢は、

・自らの負担が大きくても助けたい

・自分の負担がわずかならば助けたい

・自分の負担が少しでもあれば助けられないが、誰かが助けてあげてほしい

・困っている人の自己責任で解決することが望ましい

の４つである。

　ここでも「あなたは、自分が住んでいる地域（市町村）を、知人友人におすすめしたいと、どのくらいの気持ちで思いますか」の回答とクロスしてみる。

　その結果を図表4-5に示した。

　これによれば、推奨意欲が10から８の推奨者は80％近くが、ある程度の負担があっても困窮者を支援したいと答えている。一方で、推奨意欲が５から０の否定者では、同様に答える人は50％を割り、「困っている人の自己責任で解決することが望ましい」とする人が25％近くと、推奨者の2.5倍近くに上る。

　このことは、地域における福祉事業の効果や効率性に関わ

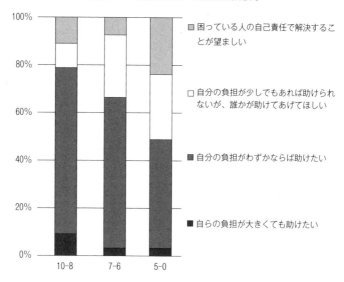

図表4-5　地域推奨意欲×困窮者支援意向

■ 困っている人の自己責任で解決することが望ましい

□ 自分の負担が少しでもあれば助けられないが、誰かが助けてあげてほしい

■ 自分の負担がわずかならば助けたい

■ 自らの負担が大きくても助けたい

る。

　地域推奨意欲が低い否定者が多い地域では、福祉への市民による支援は期待しにくい。一方で、推奨者が多い地域では、福祉を市民との協働により実現する可能性が大きいことになる。

　福祉施策を担うものが専ら行政であるという状況は、行政職員数の削減や福祉需要の多様化、増大という状況において、果たして適切だろうか。

　福祉を実現するに当たり、公平性を第一義とする行政だけが対応するという状況で、適時適切な対応がとられるのか。福祉

を担う財源が圧倒的に税金だという状況が、無駄のない有効な対応を可能にするのか。

いずれの問いにも積極的な答えは難しい。

むしろ、地域内の助け合いが中心となった上で行政が支援を行うのであれば、より適切かつ費用対効果の高い福祉施策の実現が期待される。

これを前提とした上で、協働による福祉を実現するためには、何が必要か。

アンケート結果からは明らかだ。定住者や地域外から地域に関わる人々の関与意欲を高めればいい。その上で、地域に支援する対象である困窮者が存在することの可視化が求められる。

地域への関係意欲が低い状況で、困窮者の可視化を行えば、自己責任の主張が声高に語られるだろう。しかし、十分に関係意欲が高い状況であれば、困窮者の可視化は、支援を呼び込むこと、行政以外の福祉の担い手が生まれやすいことを、アンケート結果は示している。

4　地域においてイノベーションを可能にするもの

　イノベーションとは「新結合」である。今の地域の実情が、少子高齢化を大きな要因として逼塞した状態であるとするなら、従来の方法の延長線での解決は困難となる。

　地域を取り巻く世界においても、地球温暖化による環境の激変、それによって起きる甚大な風水害の可能性、必ず来るといわれる巨大地震という危機が面前にある。

　一方で、5G、AI、IoT、仮想現実（VR）、複合現実（MR）、それらを利用したデジタルツイン、ロボット・ドローン技術、ビッグデータ、量子コンピュータというような、新たな技術の可能性が存在する。

　働き方改革やジェンダー平等という議論も背景に、従来の「働き手」という考え方の急速な陳腐化も起きている。

　こうした、常にある激変のなかで、従来にはなかった新たな結合をつくりだすこと、時には、既存の秩序を破壊し、構造を劇的に変化させる破壊的イノベーションがなくては、現在の逼塞を脱却することはできないだろう。

　おそらく、本書冒頭に述べた高度関係人口、スーパーマンがその役割を果たし得る。ただ、地域には企業ほどの小回りのよさはない。スーパーマンの活躍を支持し、支援する存在が必要となるはずだ。

　こうしたイノベーションにとって必要な要素とは何か。

　イノベーション研究の第一人者である野中郁次郎及び米倉誠一郎が著述し、『一橋大学研究年報　商学研究第25巻』（1984年）に掲載された「グループ・ダイナミクスのイノベーション：組織学習としてのJK活動」には、イノベーションにとっての多様性と学習の重要性が指摘されている。

　新たな結合を実現するためには、多様性を認めることが求められる。多様な存在に目配りしなければ、新たな結合を見つけられるはずもない。

　学ぶ意欲が不十分であれば、多様な存在に気づくこともできない。

　地域の苦境を脱却するためにも必要なイノベーション、新結合を実現する力と、地域への関係の意欲はどのように関わるだろうか。

　2019アンケートから確認していく。

　アンケートでは、イノベーションを実現する力の要素のひとつである学ぶ意欲に関わる「あなたは様々なことを学びたいという気持ちはありますか」という問いを設けた。

　この質問への選択肢は、「とてもある」「まあまあある」「あまりない」「全くない」の４つとした。

　また、もうひとつの要素である多様性については、「あなたは地域において多様性と均一性のどちらが重要だと思います

か」という質問への回答によって判断する。

　選択肢は「多様性がとても重要である」「多様性がやや重要である」「同じぐらいである」「均一性がやや重要である」「均一性がとても重要である」の５つとなっている。

　これらの質問によって、地域推奨意欲と学ぶ意欲、及び地域推奨意欲と地域において多様性と均一性のいずれを重視するかについての関係を確認してみよう（図表4-6）。

　図表4-6は、地域推奨意欲についての質問に10から８の回答をした推奨者、７あるいは６と答えた中立者、５以下の回答となった否定者が、それぞれ、学ぶ意欲についての質問、及び多様性と均一性の重視についての質問にどのように答えたかを示している。

　グラフは、学ぶ意欲については５つの選択肢のなかで、最も

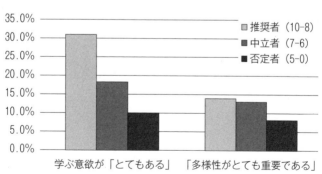

図表4-6　地域推奨意欲とイノベーションの要素

意欲の高い「とてもある」と答えた人の比率、及び多様性と均一性については、最も多様性を重視する「多様性がとても重要である」と答えた人の比率を表したものだ。

　ここからは、高い学ぶ意欲を持つ人に相対的に、推奨者が多くなっていること、同様に、多様性を強く重視する人も推奨者が多いことがわかる。

　地域への関係意欲の高い人が多い地域には、イノベーションの力が潜在しているということができるだろう。

　この潜在力を、実際のイノベーションに近づけるために、地域への関係意欲が高い人たちが連携・協働できる場をつくる。さらに、関係人口というピラミッドのトップにいる高度関係人口、スーパーマンをその場に誘い込むことができるなら、「奇跡の地域」も可能になるのではないか。

5　関係人口の定量化に当たって

これまでの分析から、以下のことが明らかになった。

・地域への関係意欲が高い人が、「稼ぐ力」につながる、地元産品購入意欲及び地元就業意向が高い。

・地域への関係意欲が高い人が、地域の主権者として責任を果たそうとすることにつながる、市町村長・市町村議会議員選挙での投票意欲が高い。また、低投票率が危惧される若年者においては、地域への関係意欲との関係がより強い。

・地域への関係意欲が高い人が、協働としての福祉の実現につながる困窮者への支援意向が強い。

・地域への関係意欲が高い人が、地域の課題解決に資するイノベーションの担い手になることにつながる、学ぶ意欲と多様性の尊重に秀でている。

このことから、関係人口を地域に関与する意欲から考えることの重要性は明確であろう。地域の人々の持続的な幸せを実現するためには、定住人口の獲得だけでは不十分であり、関係人口ネクストステージへの視野の拡大は、相当程度の有効性を持っているといえるだろう。

しかし、関係人口を高度関係人口、スーパーマンに限定した発想では、地域の持つ知層の分厚さを考慮すれば、いささか徒手空拳であるとも考える。

　むしろ、高度関係人口として数えられる人が活躍できるためにも、その土台としての普通関係人口の意識化・当事者化、関係人口予備群の関係意欲拡大が求められるだろう。

　一方で、定住人口に数えられても、意欲の低い否定者が、推奨者や中立者である人と比較して多い地域では、地元産品を購入せず、地元で就業せず、主権者意識を持たず、困窮者に自己責任を求め、学ぶ意欲が低く、多様性よりも均一性を重視することでイノベーションの基礎を危うくすることもわかった。

　このことを背景に「関係人口ネクストステージ」を定量化するためには、第1に地域外に在住する人に関係人口を限定しないこと、第2に定住者を積極的に「関係人口ネクストステージ」化すること、第3に「関係人口ネクストステージ」を高度関係人口、スーパーマンに限定せず、広い裾野を持った人として考えること、第4に関係意欲が低い人をできるだけ少なくする方向で考える必要があることが理解できる。

　以上を満たすのが、mGAPである。

① 　mGAPは、地域内外の在住を問わず全体としての関係意欲について定量化を行う。

② 　mGAPは、地域内住民＝定住者については、推奨意欲量にとどまらず、参加意欲量、感謝意欲量と多層的に定量化を行う。

③ 　mGAPは、個別の「人」に注目するのではなく、地域

の人々の持続的な幸せを実現する土台の「厚さ」としての定量化を行う。

④　mGAPは、関係意欲量の定量化に当たって、意欲の高い人に注目するだけではなく、意欲の低い人を少なくすることが目標となる定量化を行う。

納得されただろうか。

ここで、ライクヘルドが提起したNPSと筆者が採用している修正NPSの相違について確認する。これも確か、宿題だったはずだ。

既に述べたように、ライクヘルドは推奨意欲が10〜9の人を推奨者、8〜7の人を中立者、6以下の人を否定者とする。

これに対し修正NPSでは、10〜8の意欲を持つ人を推奨者、7〜6の人を中立者、5以下の人を否定者と考える。

これは、修正NPSに用いた推奨者・中立者・否定者の3区分が、ライクヘルドが提起したNPSに用いられた推奨者・中立者・否定者の3区分と比較し、地域推奨意欲（A）と地元産品購入意欲（B）及び、地域推奨意欲（A）と地元就業意欲（C）の関係を、より明確に説明できることによっている。図表4-7を確認する。

ここでは、相関係数と呼ばれる数字が「1」に近いほど、AとBの関係、AとCの関係が強い。

言い換えれば、地元産品購入意欲（B）の変化を地域推奨意

図表4-7　NPS区分の違いによる地域推奨意欲と
　　　　地元産品購入意欲・地元就業意欲との相関係数の違い

相関係数	地元産品購入意欲 (B)	地元就業意欲 (C)
ライクヘルドのNPS による3区分（A）	0.87	0.89
修正NPSによる3 区分（A'）	0.95	0.98

欲（A）（A'）の推奨者・中立者・否定者の違いによってどれ
だけ説明しやすいか、地元就業意欲（C）を地域推奨意欲（A）
（A'）の推奨者・中立者・否定者の違いによってどれだけ説明
しやすいかを示すことになる。

　図表4-7からは、修正NPSの区分に基づいた推奨者・中立
者・否定者の区分（A'）が、ライクヘルドのNPSによる推奨
者・中立者・否定者の区分（A）に比べ、地元産品購入意欲及
び地元就業意欲の変化を、より的確に説明できることを示して
いる。

　この結果も参照し、mGAPにおいて意欲を定量化する手法
としての修正NPSでは、10～8を推奨者、7～6を中立者、
5～0を否定者とする区分を用いている。以上、宿題の回答は
提出した。

　話を戻そう。修正NPSを地域にある意欲の指数とし、この
意欲の指数に定住人口、地域外ターゲット人口を乗じた総和を

mGAP とする。

　mGAP は他地域との比較のためではなく、自らの地域の地域力の拡充を確認するために用いる。

　mGAP を用いることによって、定住人口・交流人口・関係人口という、私から述べれば、重複し、曖昧な、その結果、定量化困難となり、戦略におけるロジックモデルを構築できない状況を脱し、地域の人々の持続的な幸せを実現する資源の現状を、横断的・総合的に定量化することが可能になる。

　本来「関係人口」という考え方が提唱された際に意図していた、定住人口の増減を地方創生のメルクマールとすることへの批判は、この mGAP の活用によって解消できるのではないか。

第 **5** 章

シティプロモーション 2.0

地域活性
研究部

シティプロモーションは
住民が主役だ

それこそが
行政の役割

さっきも
言ったが…

その住民や関係人口の
「地域推奨意欲」を
高めること…

つまり地域を
「マネジメント」
することだな

いくのんっ
マネジメント
って何？

マ、マネージメント
する人でしょ！？

そのままじゃん
…いづみん
おしえて？

目標を達成するために
統括や管理をする人
ですかね…

わかりやすく言うと
「地域の編集者」と
言ってもいい

地域をいろんな
角度から見つめ…

なにができるか？
なにができないのか？

それらを見極めて
地域の魅力を創造して
いく役割を担う人材だ

大変そう…
ですね

じゃあその練習台として
峰子先生の婚活マネジメント
やろーよー！

それは頼むから
やめてくれ

1　シティプロモーションの３つの視点

さて、シティプロモーションの話をしよう。

シティプロモーションは、①なぜ、プロモーションするのか、②何を、プロモーションするのか、③どう、プロモーションするのか、の３つの視点から考えなくてはならない。

(1) シティプロモーション2.0における３つの視点

① なぜ、プロモーションするのか

少子高齢化、人口流出のもとでの地域の逼塞^{ひっそく}からの脱却を図るため。そう、その発想は大事だ。

しかし、そこからシティプロモーションの定義である「地域を持続的に発展させるために、地域の魅力を創出し、地域内外に効果的に訴求し、それにより、人材・物財・資金・情報などの資源を地域内部で活用可能としていくこと」に基づき、どんな「資源」を獲得するのかについて、論理的に（ロジックモデルを機能させて）明確にしなくてはならない。

今、必要な資源は、単なる頭数（あたまかず）としての定住人口にとどまらず、地域内外からの地域への関係意欲である。

私は、それを「地域参画総量」という言葉で述べている。人口と意欲の掛け算という二次元での量的把握が求められる。

既に述べてきたように、新たに提起された関係人口という考

え方に重なる部分もあるが、関係人口という考え方の狭さや曖昧さを補完する発想として機能すると考える。

② 何を、プロモーションするのか

差別的優位性を持ったライフスタイル・ステイスタイルとしての地域ブランドである。

常に念頭に置くべきことは、ブランドのアウトプットとブランドそのものを分ける必要である。表現型と遺伝子型という言い方も可能であろう。常にライフスタイル・ステイスタイルという遺伝子型を意識することが必要である。

その表現の仕方はブランドストーリーブック、ライフスタイルブック、ブランドステートメント、場所、イベントなど多様であっていい。

この遺伝子型としてのライフスタイル・ステイスタイルは、個別魅力の発散、共有、個別魅力のペルソナ・ストーリーによる編集、提起されたライフスタイル・ステイスタイルの研磨という、地域魅力創造サイクルにより確認、構築することが有効だろう。

なぜ、ライフスタイル・ステイスタイルを訴求することが有効であるかは、再三にわたり述べた。

③　どう、プロモーションするのか

　ブランドの表現型としてのブランドアウトプットを、対象の意識・行動を変容させるためのメディアとして用い、前の傾聴・認知獲得・関心惹起・探索誘導・着地点整備（信頼確保及び共感形成）・行動促進・情報共有支援・途中の傾聴という各フェイズによって構成されるメディア活用戦略モデルによって、プロモーションする。

　どのようなブランドアウトプットを、どのフェイズでどのように機能させるかは、第6章でメディア活用戦略モデルを参照しつつ検討しよう。

　この①②③を実現させるのがシティプロモーション2.0である。

　それでは、対比概念としてのシティプロモーション1.0はどのようなものとして把握するか。

(2)　シティプロモーション1.0における 3 つの視点

① なぜ、プロモーションするのか

　少子高齢化、人口流出のもとでの地域の逼塞からの脱却を図るためという基礎認識はシティプロモーション2.0と共通するが、十分なロジックモデルを持たない、行き当たりばったりの取組みとなっている。

　最も異なることは、獲得すべき資源を定住人口としていたこ

とである。この結果、ほぼ負けを覚悟した、あるいは負けを見ないふりをしたシティプロモーションとなった。

　また、定住人口の獲得が専ら地域外からの移住によるものと捉えられたために、既に居住している人々を等閑視した施策ともなった。

　獲得すべき資源を定住人口にとどまらない関係人口とする、いわばシティプロモーション1.5という動きはあるものの、肝心の関係人口概念の狭さ、曖昧さのために十分な取組みができない状況がある。

② 何を、プロモーションするのか

　シティプロモーション1.0では、何をプロモーションしていいのかを、プロモーションする側が十分に理解していないことも多い。差別的優位性を持たない「自然豊か」というナイーヴなプロモーションや、知名度の獲得だけを目指した奇抜さをプロモーションするものさえある。

　また、多様にある「住みよさランキング」の順位をプロモーションする取組みも見られるが、こうした順位は認知獲得にしか役立たないことは既に述べた。

　あるいは、顧客満足を目指した行政サービスをプロモーションする例も少なくない。市民を主権者・参画者としてではなく、単に顧客として考える、しかも、その顧客のセグメントが

不十分なために、人によって異なる欲求に一律に応えようとする、失敗が約束されたプロモーションもある。

③　どう、プロモーションするのか

　シティプロモーション1.0では、メディアにおけるオウンドメディア・アーンドメディア・シェアメディア・ペイドメディアの区分、プルメディア・プッシュメディアの弁別が不十分な「PR」という言葉で、プロモーションを行っているという思い込みによる活動が珍しくない。

　個別のメディアが、どのフェイズで、どのように機能するかという理解に欠けるため、ロゴや自治体動画、キャラクターなど、そのときそのときにマスメディアに取り上げられた手法を後追いで用いる例もある。

　これらの理解が不十分な場合、広告代理店などのプレゼンテーションを十分に確認できないまま発注し、費用対効果が説明できないプロモーションを行うことも起きる。

　図表5-1にシティプロモーション2.0とシティプロモーション1.0及び1.5の違いを端的に示した。表中にはあるが上記で述べられなかったことは、次いで補完していく。

図表5-1　シティプロモーション1.0・1.5・2.0

	1.0	1.5	2.0
1 基礎概念	定住人口	定住人口＋関係人口	関係人口→地域参画総量
2 主な手法	知名度向上・行政サービス訴求	関係案内所	地域魅力創造サイクル・メディア活用戦略モデル
3 地域連携	困難	可能	容易
4 「交響としての地域」という発想への理解	×	○	○
5 「地域経営」という発想への理解	×	△	○
6 サービスとブランドの優位性	サービス＞ブランド	サービス＋ブランド	サービス＜ブランド
7 成果の定量化	○	×	○
8 地域持続へのロジックモデル	×	△	○
9 EBPMへの適合性	×	△	○
10 自己肯定感	×	△	○
11 「人口のコスト化」への対応	×	○	○
12 関与者の成長	×	△	○
13 ブランドの成長	×	△	○
14 社会的包摂の促進	×	△	○

2　シティプロモーションの3つの違い

　図表5-1に従って、改めてシティプロモーション1.0から1.5、さらに2.0の違いについて確認していこう。

(1) 基礎概念

　まず、基礎的な考え方として、シティプロモーション1.0では定住人口への過剰な傾斜があった。シティプロモーション1.5では定住人口に関係人口という考え方が加わっていると考えられる。ただし、既述したように関係人口という概念は必ずしも明確なものではない。

　これに対し、シティプロモーション2.0は関係人口概念をネクストステージに進化させ、明確化・定量化可能とした地域参画総量を基礎とする。地域参画総量を定住人口・関係人口と比較した特徴は、人口という頭数ではなく、意欲を加えた二次元の発想が基礎となっているという点である。

(2) 主な手法

　基礎概念に挙げた対象をどのようにして獲得するのか。

　シティプロモーション1.0では、定住人口を獲得するために、自らの地域の知名度を向上させることに意を尽くす。もちろん、全く未知の地域に移住することは考えられないことから、

理解できる手法だ。

　その上で、子育て支援施策の充実など行政サービスの訴求が行われる。地域間競争の名のもとで、サービスの高度化を図ることになるが、人口減少地域には多くの場合、潤沢な資源があるわけではない。

　その結果、地域間競争なるものに敗れるか、資源が枯渇するまで遮二無二走り続けることになる。行政職員の疲弊も危惧される。

　シティプロモーション1.5は「関係人口」概念の不明確さや多様な理解により、一律の手法を提示できないが、先に述べたしまコトアカデミーなどの「関係案内所」の的確な設置は、高度関係人口の獲得には意義を持つ。

　どのような関係案内所が的確であるといえるのかについては、プラットフォームという考え方を用いることで、ある程度の一般化が可能になる。

　シティプロモーション2.0によって、地域参画総量を獲得するための手法としては、地域魅力創造サイクルを既に紹介した。また、詳細については触れていないが、対象者の行動変容を目的とするメディア活用戦略モデルも必要となる。

　これに加えて、行政内のインターナルコミュニケーション、地域内の既存の活動による地域参画総量拡大なども考えられる。

(3) 地域連携

　次に、地域連携という視点から、シティプロモーションのそれぞれを見ていこう。地域連携を実現することにより、それぞれの地域の弱み・強みを相互補完し、連携した地域全体としては、最小限の資源活用により成果を上げることが可能となる。

　シティプロモーション1.0は定住人口の獲得をほぼ唯一の選択としている。結果として、人口の奪い合いが前提となる。地域連携ではなく地域間競争が起きる。切磋琢磨であればいいだろうが、サービス提供合戦という地域間競争であるとすれば、それぞれの資源消耗は不可避となる。

　シティプロモーション1.5において地域連携が可能となるかは、関係人口というものの考え方による。木津の指摘する高度関係人口の獲得が重視されるとすると、その絶対数は限られる可能性が高い。また、高度関係人口を当該地域に囲い込もうとするならば、すべてか無かということになり、地域連携は難しい。

　しかし、シティプロモーション1.5においても、高度関係人口をシェアすることができる、あるいは関係人口をより幅広く、移住した「定住人口」でもなく、観光に来た「交流人口」でもない、地域や地域の人々と多様に関わる人々とするならば、地域のそれぞれの強みを生かしつつ、地域連携を実現する

ことも可能であろう。

　シティプロモーション2.0については、その基礎概念である地域参画総量の二次元性という点が重要となる。人口という頭数を前提とし、それが所属・非所属のいずれかしかないとすれば、ある人の身体を2つに分けることになる。それは無理だ。

　だが、意欲は分けることができる。訪問経験のある2つ以上の地域をそれぞれの強みに注目して、知人友人に積極的に推奨しつつ、居住する地域をよりよくするために、自分のできる範囲で参加することは十分に可能だ。

　ある人が重視する、あるいは心地よいと考えるライフスタイルとステイスタイルが異なることは珍しいことではないだろう。Aという地域とBという地域が連携し、Aに居住する人に積極的にBのステイスタイルを提起する。Bという地域で十分に滞在を楽しみつつ、Bに住む人々にAのステイスタイルを推奨する。そんなことも可能だ。

　さらに、多様なインターネット活用により、アドレスホッパーという新たな暮らし方も生まれている。アドレスホッパーとは、特定の拠点を持たずに、国内外を移動しながらAirbnbなどの宿泊サイトで見つけた部屋やホテル、ホステル、旅館などで暮らしつつ仕事をするライフスタイルをいう。どこを移動先とするのかは、その地域が自分にしっくりくるステイスタイルを持っているかによるだろう。

　囲い込むのではない、それぞれのライフスタイル・ステイスタイルを開き合うことが地域連携によって可能となる。

(4)「交響としての地域」という発想への理解

　この項と次項では、「地域とは何か」という問いを前提とする。また、次項では、「地域経営」という発想について検討する。

　まず、交響としての地域という考え方と、その考え方がなぜ重要であるかについて述べよう。

　地域は単に面積ではない。地域は一定の地理的範囲に人がいて初めて成立する。しかし、地域は粒々の個人によって成立しているわけでもない。地域は、「関心をともにする連携」としてのコミュニティのつながりによってできている。

　人は一定の地理的範囲において、いくつかのコミュニティに重なりながら属している。どのコミュニティに属すのかによって、自らのアイデンティティ、自らとはどのような存在かを確認する。

　多くの個人は、丸裸で直接に地域というものに関われるほど強くはない。そのとき、そのときに装うものを変えつつ、その装いを利用して地域に関わる。ある企業の社員だったり、あるチームのサポーターだったり、ある自治会の役員だったり、ある環境保護グループのメンバーだったりして。

　人が外被を必要とする弱さを持っていることは悪いことでは

図表5-2　交響としての地域

環境　服飾　育児　防犯

美化　防災　美食　学習

写真　音楽　医療　気象

会社　漫画　映画　学校

国際　芸術　建設　福祉

ない。むしろ自然なことだ。その上で、外被を着替えつつ、多様な形で地域に関わる。さらに、それぞれの外被としてのコミュニティを重ねていく。

　それをコミュニティという視点から考えるなら、コミュニティが連携し、響き合う、交響することによって、地域の厚みが生まれていくということになる。

　続いて、シティプロモーション1.0、1.5、2.0それぞれの考え方が、地域をいきいきと成立させるために必要な、この「交

響としての地域」という発想につながるものであるかを確認していく。

　シティプロモーション1.0が定住人口偏重という、あえていえば「住めば、それでいい」という考え方にとどまるのであれば、地域に交響があるかどうかに顧慮することはない。定住人口獲得のために、個人に対する行政サービスの厚さを競うこともまた、コミュニティの力を軽視することにつながる。「とにかく、すべては移住させてから」という思考は、交響としての地域という発想からは遠い。

　シティプロモーション1.5は、関係人口を重要な概念とする。この「関係」という考え方は容易に地域内外連携という発想を可能とする。これにより「一定の地理的範囲」の拡張も可能にする。

　ただ、地域内連携を考えたとき、外部からの関係人口が内部連携、地域内交響を実現できるかは、必ずしも明確ではない。

　関係人口が定住人口でもなく交流人口でもないとすると、個々の関係人口が、地域内のコミュニティと一対一で結びつき、他のコミュニティとの関係は生まれないという可能性もある。そうなれば、地域にコミュニティ連携による厚みを形成することは難しい。

　シティプロモーション2.0では、地域内外の人々の地域推奨意欲、地域内の地域参加意欲、地域感謝意欲を要素とする地域

参画総量が目標とされる。

　地域推奨意欲や地域参加意欲もコミュニティの交響に関わるが、ここでは特に地域感謝意欲に注目する。地域感謝意欲とは、地域をよりよくしようと活動している人への感謝を意味する。

　地域には育児や介護に支援を求める人々もいる。また、身体、発達、精神などに障害を抱える人々も少なくない。彼らは決して地域のコストではない。彼らの感謝を見える化させることで、積極的な参加を行っている人は、あと一歩の力を加えられるのではないか。

　それぞれのコミュニティの境を越えて、定住者や地域外から地域に関わる人々への感謝が呼び交わされるなら、それこそが交響としての地域をつくるのではないか。

　また、シティプロモーション2.0では主な手法として地域魅力創造サイクルを用いる。地域魅力創造サイクルは、コミュニティを背景とする多様な人々の参加による「共創エンジン」を駆動力として、ライフスタイル・ステイスタイルとしての地域のブランド形成を図るものである。

　地域魅力創造サイクルに関わることによって、それぞれの属するコミュニティに気づき、時に、そこから連携が始まる例もある。

　シティプロモーション2.0と「交響としての地域」は、不即不離の関係にあるとも考えられる。

(5) 「地域経営」という発想への理解

地域は交響によって成立しているだけではなく、経営される
ものでもある。

ここでの地域経営とは、企業経営との類比によって提起され
るものだ。企業経営は企業利益の最大化を目標とし、株主がプ
リンシパル（主権者）となり、経営者・経営陣をエージェント
（代理人）として負託・委任・評価することによって成立する。

これに対し、地域経営は、定住者や地域外から地域に関わる
人々の持続的な幸せを目標とし、定住者や地域外から地域に関
わる人々自身がプリンシパル（主権者）となり、議会・行政、
NPO、地域企業の３つのセクターをエージェント（代理人）
として負託・委任・評価することによって成立する。

地域経営ではこれに加え、プリンシパルである定住者や地域
外から地域に関わる人々が直接に活動することも注目される
（図表5-3）。

以上に述べた地域経営の発想は、行政の守備範囲を限定する
ことで、多様かつ柔軟な地域づくりを可能とする。

併せて、地方自治法に定められた地方自治の本旨から団体自
治とともに導かれる住民自治をさらに拡張し、多くの当事者に
よる民主主義に基づく地域づくりにつながると考えられる。

それでは、シティプロモーションの段階によって、「地域経

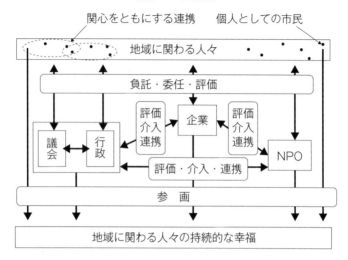

図表5-3　地域経営

関心をともにする連携　　個人としての市民

地域に関わる人々

負託・委任・評価

議会　⇄　行政

評価介入連携　　企業　　評価介入連携

評価・介入・連携

NPO

参　画

地域に関わる人々の持続的な幸福

営」という発想への理解がどのように異なるかを検討する。

　シティプロモーション1.0においては、主権者という発想は極めて弱い。専ら顧客満足という発想で定住人口を獲得しようとする。このことは、地域が主権者・代理人という関係性で経営されるという思考ではなく、行政単独が地域を担うという、大きな問題点を持つ発想につながる。

　シティプロモーション1.5では、関係人口を高度関係人口に限定するとすれば、その高度関係人口自身は強い力を持つ、いわばスーパー主権者として位置付けられる。しかし、わずかな高度関係人口以外の人々は顧客にとどまったとしても、関係人

口獲得は果たされたことになる。

　一方、関係人口を幅広く捉えるなら、多くの人々に当該地域への関与を促すことになり、主権者意識の醸成は十分に期待できる。しかし、総務省ポータルサイトでの定義を踏まえ、関係人口から定住人口を除くとするなら、除かれた定住人口はシティプロモーションの対象としては触れられない存在となり、変化を促す存在としては意識されないことになってしまう。

　最も重要な主権者であるべき定住者の主権者意識の向上が図られないとすれば、地域経営という視野からは外れていくことになるだろう。

　続いて、シティプロモーション2.0での「地域経営」という発想への理解について検討する。

　シティプロモーション2.0では、地域をよりよくするために参加する意欲を地域参画総量にとっての要素としている。まさに主権者としての意欲醸成がシティプロモーション2.0にとって目指すべきものだ。

　地域づくりを行政だけに任せることなく、NPOの立ち上げや、ボランタリーな参加を行う。あるいは、地域企業に地域への貢献を働きかける。このようにして、コミュニティとして地域にできることを考え、個人としても地域へ関与する。

　その結果、定住者や地域外から地域に関わる人々を主権者とし、議会・行政、NPO、地域企業の三者を代理人とする地域

経営が進捗し、定住者や地域外から地域に関わる人々の持続的な幸せの実現につながっていく。

　そのような主権者意識を向上させるためにシティプロモーション2.0は存在する。

(6)　サービスとブランドの優位性

　シティプロモーションにとって、サービスとブランドのどちらを優先するかも、シティプロモーションの段階によって異なる。

　定住人口獲得を目的とするシティプロモーション1.0では、行政サービスとして、例えば子育て支援の充実を競い、空き家を無償で提供し、転居費用を援助する。

　それぞれの施策自体が不適切だということではない。問題はシティプロモーション1.0でのこれらの取組みが、連携なく、あたかもスーパーマーケットの商品棚に並べられているように映ることだ。

　その結果、移住者はショッパー、買物客になる。一つひとつの品質は十分に吟味するだろうが、その商品の来歴に関心を持つ人は少ない、自らが生産者となることへの想像力は養われない。

　シティプロモーション1.5が定住人口獲得と関係人口確保の両面作戦だとすれば、シティプロモーション1.0と同様の行政サービスの羅列と、他の地域ではなく、この地域への関係人口としての関与を希望させるに値する魅力ある地域のブランドの

提起という、二本立てが求められる。悪くない取組みだが、行政の消耗は避けられない。

　シティプロモーション2.0ではどうだろうか。シティプロモーション2.0は地域参画総量を基礎とする。それにより、地域内居住者からも、地域外に居住する共感獲得可能な人々からも、自らの地域イメージに係る推奨を得ることが重要になる。

　地域を分断せず、まるごとの地域として推奨を獲得するためには、個別的なサービスの羅列ではなく、その地域のトータルとしての差別的優位性の明確さが求められる。

　いつまでも終わらない「何がある、これがある」というような行政サービスの訴求では、推奨されたものにとって、地域イメージとしての集約的理解が困難だ。

　シティプロモーション2.0では、地域のブランドを、その地でのライフスタイル・ステイスタイルとして定義した。

　推奨する相手それぞれの特性に応じた、その推奨先の人間からのトータルな共感を獲得するには、地域における魅力として活用可能な公共サービスも含めたライフスタイル・ステイスタイルに基づくブランドの推奨が必要になる。

(7) 成果の定量化

　シティプロモーション1.0では、成果の定量化自体は容易だ。定住人口の増減や、地域における人口の社会増減を確認す

ればいい。

定住人口が増えていればシティプロモーションは成功であり、地域における人口の社会増が果たされれば、シティプロモーションは成果を上げたことになる。

ただし、シティプロモーション1.0では、多くの場合、ロジックモデルの仮説的構築と、その不断の見直しに基づいた施策展開が行われていない。

先進事例と呼ばれる事業のつまみ食いや、マスコミなどで話題となっている施策を並列して行っていることも少なくない。

結果として、成果の定量化そのものは可能であるが、シティプロモーションとして行われた施策が、なぜ「成功」「成果」に結びついたのかを説明できるのかという点には課題が残る。

関係人口獲得を目標のひとつとするシティプロモーション1.5の最大かつ決定的な課題が、この成果の定量化である。

関係人口を高度関係人口、スーパーマンとして考えるのか、移住した「定住人口」でもなく、観光に来た「交流人口」でもない、地域や地域の人々と多様に関わる人々として考えるのか。

いずれにしても、関係人口の「質」に注目した定量化は困難である。例えば、先に示した国土交通省の調査による、「『関係人口』が東京・名古屋・大阪の三大都市圏で推計1000万人超に上る」という1000万人は、地域にどのように関係するというのだろうか。

　高度関係人口やスーパーマンとして関係人口を把握した場合、どのような人物が「高度」なのか、どこからがスーパーなのか、少なくとも成果を上げた事後にしか確認できない。あるいは単に運がよかっただけかもしれないと迷いだせば、事後においても確認できないことになる。

　また、「定住人口でもなく、交流人口でもない、地域や地域の人々と多様に関わる人々」となると、関係人口の「質」を考慮した定量化にとっては手に負えない事態となる。それはつまり誰なのか。その不明確さは、定量化にとっては決定的な瑕疵となる。

　シティプロモーションの成果の定量化が困難であるとは、シティプロモーションに関わる施策がなぜ必要なのかを説明できないということになる。説明できない施策は実施できないはずだ。

　「そういう、説明できるとかできないとかいっているから、新しいことができないんだよ」との意見はあるだろう。確かに、とにかくPDCA（計画→実施→調査→改善）が先決だという従来の考え方を乗り越える発想が生まれている。

　机上の計画（Plan）を構築する前には、small Do が求められるという提起である。失敗に終わる可能性も少なくないsmall Do を繰り返すことで、初めて適切な計画が可能になるという意見だ。傾聴に値する。

　ただ、シティプロモーションの主唱者が行政であると考えた

場合には、そう甘くもない。

　民間が small Do としてリスクをとって行った取組みについて、そこに学び、対価を提供し、計画に組み入れることは、行政にとって有効だろう。

　ただし、失敗することが少なくない、その失敗の積み重ねが必ず成功につながるとの確証がない事業を、「預かっている」税金を用いて、行政が実施することは困難だ。そうした事業の実施は、行政に求められる会計責任、説明責任を逸脱する。

　「よくわからないが、とにかく、関係人口らしき人間を誘い込み、ひょっとしたら、何かいいことが起きるかもしれない。いや『いいこと』が起きたのかどうかもわからないが、関係人口らしき人は集められたような気がする。集まったのは関係人口ではないかもしれないが。今にうまくいくんじゃないかな。信用してほしい」

　成果の定量化の見通しがないまま事業を行うとは、そういうことだ。それで、納税者のおおよその納得が得られるのならそれでいい。おそらく、そう甘くはない。

　他方、シティプロモーション2.0の極めて重要な達成が、この成果の定量化になる。

　シティプロモーション2.0が獲得を目指す資源とは、地域参画総量である。既に述べたように、地域参画総量を定量化する方法として修正地域参画総量指標（mGAP）がある。mGAP

は掛け算と足し算だけで容易に計算できる。

　しかも、mGAPの要素である修正NPSにより定量化された地域に関わる意欲が、地域持続の要素である、①地域における「稼ぐ力」につながる、②地域の主権者としての責任につながる、③協働としての福祉の実現につながる、④地域の課題解決に資するイノベーションにつながることも確認できている。

　シティプロモーション2.0は、納税者への説明責任を果たすための、関係人口の「質」の定量化と、ロジックモデルの構築に優れているということができるだろう。

(8)　地域持続へのロジックモデル

　シティプロモーション2.0が、多発的かつ日常的な地域魅力創造サイクルを実現することにより、地域参画総量の不断の向上を実現するロジックについては説明した。

　また、向上する地域参画総量が、地域持続の要素である、①地域における「稼ぐ力」につながる、②地域の主権者としての責任につながる、③協働としての福祉の実現につながる、④地域の課題解決に資するイノベーションにつながることも明らかにした。

　それでは、シティプロモーション1.0と1.5が地域持続への的確なロジックモデルを持っているのかを確認しよう。

　シティプロモーション1.0の多くの取組みが、地方創生総合

「戦略」でのKPI認識の混乱に見られるように、「戦略」的ではなく羅列的なものであることは述べた。

　これによって、たとえ定住人口が増加したとしても、なぜ、その人口増加が、シティプロモーション1.0によって実現できたのかさえ説明困難であった。

　また、もくろみどおり定住人口が獲得できたとしても、それによって、必ず地域が持続できるのかについても、実のところ、十分なロジックが成立しているわけではないと考える。

　定住人口が常に担い手となるわけではない。むしろ、行政サービスの訴求を中心として定住人口を獲得し、その定住人口の地域関係意欲を向上させる施策を十分に行わなかったとすれば、その人口は地域の参画者にはならず、地域にとっての負担の大きい顧客にとどまることも考えられる。

　ここでは、定住人口の獲得が無意味だと述べているわけではない。シティプロモーション2.0では、mGAPの計算に当たっては、意欲に人口を乗ずることで、定量化を図っている。

　つまり、意欲の値がプラスである限り、人口は増加したほうがmGAPの値も向上することになる。そのため、シティプロモーション2.0においても、定住人口の獲得は積極的に行うことが意義を持つ。

　ただし、繰り返すが、意欲の値、つまり修正NPSをプラスにすることを怠ってはならない。修正NPSがマイナスになる

と、人口が多くなればなるほど、掛け算により計算される mGAP により表現された「地域の土台」は薄くもろくなることになる。

シティプロモーション1.5において、地域持続へのロジックモデルは成立しているだろうか。

ここでも、関係人口の定義の曖昧さは課題となる。関係人口を高度関係人口、スーパーマンとして捉えた場合、高度関係人口の力によって地域へ変化を起こし得るということは、少なくとも事例的には認められている。

そうした影響力は高度関係人口の個性にもよるが、しまコトアカデミーのような、ある程度システム化された「関係案内所」「学びの場」があることによって、相当な一般化は可能だろう。

この事例を基礎にロジックモデルを組むことは可能だ。

関係人口を、「定住人口でもなく、交流人口でもない、地域や地域の人々と多様に関わる人々」とした場合はどうか。

この定義に基づいた一般的なロジックモデルの構築はできない。多様な関わりというものがどのようなものであるのかが明確でない以上、その関わりが、なぜ地域の持続につながるのかは不明となる。

それぞれの地域においては、「多様な関わり」という曖昧さを残したままにシティプロモーション施策を展開せず、どのよ

うな「関わりの質」を求めるのかを明確にする。

それぞれの関わりの質が、どのようなアウトプットを生みだし、どのようなアウトカムを生起させ、そのアウトカムを活用した連鎖によって、どのように地域を持続させられるかというロジックを構築する。

そうした取組みを行うのであれば、シティプロモーション1.5は的確なロジックモデルを持つことになる。

シティプロモーション1.5を踏まえた施策を展開しようとする各地域において求められるものは、「私たちは、なぜ、このような『関係人口』を求めるのか」を明確にすることだ。

何となくの浮ついた思いをもって、とにかく「関係人口」っぽい人々を集めれば何とかなるのではないか——最も避けるべきは、こうした思いによる事業実施である。

(9) EBPM への適合性

EBPM は Evidence-Based Policy Making の略語である。「証拠に基づく政策立案」を意味する。

平成30年度内閣府 EBPM 取組方針では、EBPM を「政策の企画立案をその場限りのエピソードに頼るのではなく、政策目的を明確化したうえで政策効果の測定に重要な関連を持つ情報やデータ（エビデンス）に基づくものとすること」とされている。

これを踏まえ、内閣府ではウェブサイト「内閣府における

EBPM への取組」を2020年 4 月に最終更新している。

　ここでは、「政策効果の測定に重要な関連を持つ情報や統計等のデータを活用した EBPM の推進は、政策の有効性を高め、国民の行政への信頼確保に資するものです。内閣府では、EBPM を推進するべく、様々な取組を進めています」と述べられている。

　また、総務省には、ICT 利活用の促進に関わって「データ利活用の促進」というタイトルのウェブページがある。

　「総務省では、特に地方公共団体が保有しているデータを有効活用し、住民サービスの向上や根拠に基づく政策立案（EBPM）等に役立てるための取組を推進しています」と、地域での取組みについても提起している。

　さらに、独立行政法人経済産業研究所の上席研究員である関沢洋一は、伊藤公一朗の『データ分析の力－因果関係に迫る思考法』（光文社、2017年）を引き、EBPM を「個々の政策に実質的な効果があるかどうかを可能な限り厳密に検証して、実質的な効果があるという証拠があるものを優先的に実施しようとする態度」としている。

　一方で、EBPM については、この「情報やデータ」が何を指すのか、あるいは「政策効果」とはどのようなものを意味するのか、因果関係がどの程度明らかであることが求められるのか、あるいは因果関係さえあれば的確な政策立案といえるのか

など、多くの議論がある。

　こうした留保はありつつも、行政資源が限定される一方、公共的な課題解決への需要が高まっている現状を鑑みれば、EBPMに基づく政策立案は重要な意義を持つと考えられるだろう。

　では、このEBPMと、シティプロモーションの各段階とはどのような適合性を持つかを検討する。

　EBPMを、関沢及び伊藤に基づき「個々の政策に実質的な効果があるかどうかを可能な限り厳密に検証して、実質的な効果があるという証拠があるものを優先的に実施しようとする態度」とするなら、2つの要素が必須であることがわかる。

　ひとつは、「実質的な効果」であり、もうひとつは「可能な限り厳密な検証」である。つまり、既に述べた①成果の定量化、及び②地域持続へのロジックモデル構築及びその検証、の両者が可能であるときに、初めてEBPMとの適合性があり得ることになる。

　シティプロモーション1.0は、定住人口という成果の定量化には課題はない。しかし、定住人口の増加がなぜ地域の持続につながるのかのロジックモデル構築が不十分なまま取り組まれていることが少なくない。結果として「可能な限り厳密な検証」ができない。むしろ避けるべきとされている「その場限りのエピソードに頼る」姿勢さえ垣間見える。

　シティプロモーション1.5は、「関係人口」定義の多様さ、曖

昧さ、「質」への顧慮不足により、成果の定量化が一般的には困難である。結果として、シティプロモーション1.5全体としてはEBPMへの適合性という問題設定に耐えることはできない。

　ただし、個々の地域において関係人口の定義を明確化し、的確な仮説的なロジックモデルを構築し、不断に見直し、再構築することで、「実質的な効果」と「可能な限り厳密な検証」の実現は不可能ではないだろう。

　シティプロモーション2.0では、mGAPの採用による成果の定量化と、先述したアンケートにより実証された、修正NPSの値が多様な効果を生みだすことにより地域持続につながるというロジックモデルの構築が可能となっている。

　もちろん、ロジックモデルは不断の仮説構築とその仮説検証により鍛えられ、実質化される。シティプロモーション2.0においてもその態度は必要だ。この仮設構築・仮説検証のためにも、十分な定量化は必須となる。

　結果として、シティプロモーション2.0は、仮説的なロジックモデルの的確な構築、不断の見直し、ロジックモデルの再構築が、シティプロモーション1.5以上に容易であり、EBPMへの適合性は高いと考えられるだろう。

(10) 自己肯定感

　地域の持続は地域のために行われるわけではない。地域とい

うものが持続したが、そこには疲弊し希望を失った人間がいる
だけだったということでは本末転倒だろう。地域の持続は、定
住者や地域外から地域に関わる人々の持続的な幸せの実現の基
礎となって、初めて意義を持つ。

　その意味から、シティプロモーションは地域のためではな
く、そこに関わる人々の幸せ、欲求実現のために行われる必要
がある。

　この「幸せ、欲求実現」について、『「失敗」からひも解くシ
ティプロモーション―なにが「成否」をわけたのか』でも紹介し
た、心理学者のA.マズローの欲求5段階説がある（図表5-4）。

　また、2019アンケートでは、対象者に「あなたは自分自身が
意味のある存在だと思いますか」、また「あなたは自分が幸せ

図表5-4　マズローの欲求5段階説

自己実現欲求	自己の力を発揮したい欲求
尊厳欲求	他者から認められたい欲求
社会的欲求	仲間と関わりたい欲求
安全欲求	安全・安心な暮らしへの欲求
自己実現欲求	生きるための本能的欲求

だと思いますか」という質問を行った。

　いずれも選択肢は「十分に思う」「ある程度思う」「あまり思わない」「全く思わない」の4つである。これによって、回答者が自らをどの程度幸せだと思っているかの「幸せ自認度」を測ろうとする設問だ。

　その上で、「あなたは自分が幸せだと思いますか」という質問への回答について、「十分に思う」を4点、「ある程度思う」を3点、「あまり思わない」を2点、「全く思わない」を1点として、「あなたは自分自身が意味のある存在だと思いますか」という質問に対する回答グループごとの「幸せ自認度」の平均値を確認した（図表5-5）。

　図表5-5からは、「自分自身が意味ある存在だと考える程度」が高い人ほど、自分は幸せであると考えるレベル＝「幸せ自認度」が高くなることがわかる。

　一方で、図表5-6は、「あなた個人の年収はどのくらいですか」という質問に対する回答「1000万円以上」「500万円以上1000万円未満」「250万円以上500万円未満」「250万円未満」という回答区分ごとの、先と同じ計算による幸せ自認度をグラフにしたものだ。

　ここからは、「自分自身が意味ある存在だと考える」程度による幸せ自認度の違いに比べ、個人年収による幸せ自認度の違いが、ゆるやかであることがわかる。

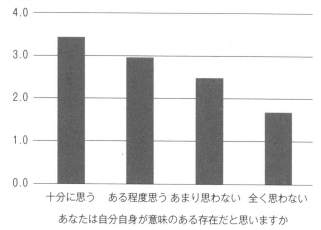

図表5-5　自分自身を意味ある存在とする程度と「幸せ自認度」

幸せ自認度

あなたは自分自身が意味のある存在だと思いますか

　少なくとも幸せ自認度は、個人年収よりも「自分自身が意味ある存在であるか」どうかに依存する。

　定住者や地域外から地域に関わる人々の持続的な幸せを考えるときに有用な結果だろう。

　人が、より高次な欲求を実現するために、自分自身を意味ある存在と考えるために、シティプロモーションは、何らかの役割を果たせるだろうか。

　シティプロモーション1.0は、人を頭数としてしか捉えない。あるいは顧客としての把握にとどまる。

　結果として、シティプロモーション1.0が実現できるのは、

図表5-6　個人年収と「幸せ自認度」

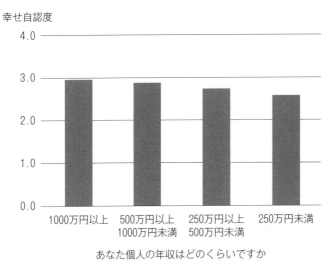

あなた個人の年収はどのくらいですか

せいぜい、安全・安心な暮らしへの欲求にとどまる。

　安全・安心な暮らしはとても重要だ。しかし、人はその欲求が満たされれば、さらに仲間と関わりたい、他者から認められたい、自己の力を発揮したいと思うようになるはずだ。残念ながら、シティプロモーション1.0には、それらを支える発想はない。シティプロモーション1.0の発想では、定住者や地域外から地域に関わる人々の自己肯定、自己実現を支援することはできない。

　シティプロモーション1.5は、定住者や地域外から地域に関

わる人々の自己肯定、自己実現を支えられるだろうか。

　高度関係人口とされる人々にとっては、自己肯定や自己実現は明らかだろう。自らの力が関わって、地域が変化していくことを目の当たりにできる。

　一方で「多様に関わる」人々はどうだろうか。木津は「『普通関係人口』には自分が地域参加をしていると気がついていない場合も多く、そのままでは離脱可能性が高い」と述べる。

　普通関係人口という区分を設けるかについては措くとしても、自らの「多様な関わり」が地域にとってどのような成果をもたらしたか、関わった本人にとって明確となることは、それほどには期待できない。手応えのなさは、自己肯定にはつながらない。「離脱可能性が高い」という意見も十分にくめるものと考える。

　シティプロモーション2.0によって、自己肯定感の醸成は可能か。少なくとも高度関係人口ほどには明確ではない。しかし、2019アンケートからは、図表5-7のようなデータも確認できた。

　「あなたは、自分が住んでいる地域（市町村）を、よりよくする活動に参加したいと、どのくらいの気持ちで思いますか」という質問に10から８と答えた「参加者」、７及び６と答えた「中立者」、５から０と答えた「否定者」ごとに、「あなたは自分自身が意味のある存在だと思いますか」の質問に「十分に思う」「ある程度思う」「あまり思わない」「全く思わない」のい

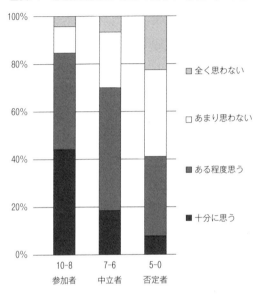

図表5-7 地域参加意欲と「自分は意味ある存在か」の関係

凡例:
- 全く思わない
- あまり思わない
- ある程度思う
- 十分に思う

ずれを答えたかの比率図である。

　地域参加意欲の高い「参加者」の80％が、「自分自身は意味のある存在」だと、「十分に」あるいは「ある程度」考えている。

　その一方、地域参加意欲の低い「否定者」では、「自分自身は意味のある存在」だと、「十分に」あるいは「ある程度」考えているものは40％にすぎない。

　このアンケート結果からは、定住者や地域外から地域に関わる人々の地域参加意欲を高めることが、自己肯定感の伸長につ

ながる可能性を読み取ることができる。

　シティプロモーション2.0は、地域推奨意欲量、地域感謝意欲量とともに、地域参加意欲量を高めることを目的としている。シティプロモーション2.0が、地域参加意欲を高めることができるならば、その取組みが「自分は意味がある」という思いの増大につながることになる。ここからは、シティプロモーション2.0が自己実現を支える可能性が見える。

　これを可能性にとどめないためには、定住者や地域外から地域に関わる人々それぞれに、意欲を状況に変える地域推奨・地域参加・地域感謝の機会を具体的につくること、その地域推奨・地域参加・地域感謝が、地域の持続、それによる地域の人々の持続的な幸せに意味ある行動であることを可視化することが求められる。

　この可視化という点において、シティプロモーション2.0における成果の定量化の容易さは、積極的な意味を持つだろう。「あなたの行った、この地域参加活動によって、周囲の人たちの感謝意欲が向上した」ということが修正NPSによって即座に確認できるならば、自己肯定感を高めることができるだろう。

　また、シティプロモーション2.0の主な手法である、地域魅力創造サイクルは、定住者や地域外から地域に関わる人々の徐々に増えていく参加を内容とする共創エンジンによって駆動される。

　自らの参加、関与によって、地域のブランドが形成されていくことを手応えを持って、目前で確認することができる。実際にも、地域魅力創造サイクルに基づき、地域の個別魅力の発散、共有、それによるペルソナとストーリーを用いたライフスタイル・ステイスタイルとしての地域ブランドの編集に関わった人々は、参加以前に比べて、確実に地域推奨意欲、地域参加意欲、地域感謝意欲が向上している。

　シティプロモーション2.0は、人を単なる「数」ではなく、「意味ある存在」にすることができるということができる。

(11)「人口のコスト化」への対応

　少子高齢化にとどまらず、地球温暖化による地域環境変化、それに伴う農水産業の対応の困難さ、自然災害の頻発に対するインフラ強靭化への期待、働き方改革をはじめとする労働環境の変化、AI等デジタル技術の急激な進展、LGBTQなど性的多様性への対応、急速なインバウンド増加等観光需要へのキャッチアップなど、公共サービスの需要の増大、多様化は明らかだ。

　これらの公共サービスを行政だけで提供することは、専門性や多様性、迅速性などの理由により、難しい状況になっている。

　この状況を乗り切るには、先にも述べた、定住者や地域外から地域に関わる人々を主権者とし、議会・行政だけではなく、

NPO及び地域企業を代理人とする地域経営を実現しなければならない。

　ところが、主権者たるべき定住者や地域外から地域に関わる人々が、専ら顧客としてのみ振る舞い、サービスの多寡へのクレームを述べるだけであれば、どうか。

　しかも、そうした「顧客」が人口の多数を占めることになれば、NPOはボランタリーな働き手を失い、地域にとって有用だがリスクもある新たな取組みを行おうとする地域企業の意思は尚早な批判によって阻喪し、主権者自身による地域参加もない状況が生まれ、公共サービス需要の大部分が行政の背に乗ることになる。

　その結果、迅速性、多様性、個別的な専門性に欠ける行政サービスによる対応は後手を踏み、さらに「顧客」からのクレームが増大していくことになる。まさに悪循環だ。

　こうした状況を、人口のコスト化と呼ぶこともできるだろう。

　さて、シティプロモーションは、地域にとって極めて危険な悪循環を生みだす人口のコスト化への対応が可能だろうか。

　残念ながら、シティプロモーション1.0においては、そうした危惧への認識がほとんど見られない。むしろ、人口のコスト化を生じさせる行政サービス競争に陥っている状況さえある。

　行政サービスの訴求は行うべきではない、と述べているわけではない。しかし、増加した人口を顧客のままにとどめ、地域

の支え手に変貌させなければ、増加した人口はそのままコストと化す。

　移住者を顧客にとどめず、自ら地域に関与しようとする存在に変えられる分厚い地域の土台が必要になる。

　その土台があれば、当初は行政サービスに引かれて移住した人も、地域の雰囲気のなかで、主権者意識を持つことも可能だろう。

　しかし、シティプロモーション1.0では、そうした分厚い土台をつくりだそうという発想がない。天祐を待つ、あるいは、地域に時に存在する突出したスーパーマンに頼ることしかできないことになる。不安は大きい。

　シティプロモーション1.5は、両面作戦をとる。定住人口の獲得を狙いつつ、高度関係人口の力によって、獲得した定住人口の主権者化を図ろうとする。悪くない。

　課題が残るとすれば「高度関係人口」の粒度の問題だろう。どこまで精緻で地域に適合した高度関係人口を獲得できるのか。地域それぞれで求められる能力は異なるだろう。高度関係人口の側も、しっくりくる地域とそうではない地域があるはずだ。

　あまりに大ざっぱに、「単に関係を持ちましょう」では、地域における多様な課題解決につながるかの不安は残る。

　いや、それだけの能力がある高度関係人口という存在にとって、自らは地域に選ばれる存在ではなく、むしろ、自らが地域

を選ぶ存在になるだろう。

　おそらく、主導権は高度関係人口側がとる、地域が高度関係人口を獲得するのではなく、高度関係人口が自らにふさわしい、力を発揮できる地域を獲得するということになるだろう。

　地域側に高度関係人口に選ばれるだけの魅力の訴求が求められる。このあたりは、先に触れた、主な手法としての「関係案内所」の役割とも考えられる。

　シティプロモーション2.0は、人口のコスト化にどう対応するのか。シティプロモーション2.0は、定住者や地域外から地域に関わる人々の地域関係意欲を高めることを目的としたシティプロモーションである。

　人口のコスト化への危惧を十分に意識するため、地域参画総量の定量化のために用いる mGAP において、修正 NPS を要素としていることに注目できる。

　修正 NPS は、積極的な地域関係意欲を持つものだけをカウントするのではなく、コストとなる否定者を差し引くことによって計算される。

　つまり、積極的な関与者を増やすことに力を尽くすにとどまらず、足を引っ張る、コストとなる否定者を減らすことも、シティプロモーション2.0にとっては目的となる。人口のコスト化を視野に入れたシティプロモーションの取組みだといえるだろう。

(12) 関与者の成長

　環境は変化する。組織は成長しなければならない。地域も変化に応じた成長が求められる。地域の成長とは、定住者や地域外から地域に関わる人々の成長であり、ライフスタイル・ステイスタイルとしてのブランドの成長である。ここでは、まず関与者の成長について検討する。

　人の成長については、野中郁次郎が紺野登とともに著した『知識経営のすすめ―ナレッジマネジメントとその時代』（筑摩書房、1999年）に示されたSECIモデルという考え方がある。

　SECIモデルは、暗黙知と形式知を個人と集団で共同化→表出化→連結化→内面化することで、知識創造が可能になるという考え方だ（図表5-8）。

　このサイクルのはじめにある共同化は「現場」で行われる。ここで共同されるものは暗黙知である。暗黙知は言葉にはならないが、その挙措・振る舞いから見えてくる知恵と考えればいいだろう。

　ある人物・あるコミュニティの持っている暗黙知が問わず語りに、別の人物・別のコミュニティに伝わる。しかも一方向ではなく、その「現場」をともにしている人物・コミュニティの間で多方向に共有される。

　そのようにして伝わった暗黙知を、自分なりの言葉で「かた

図表5-8 SECI モデル

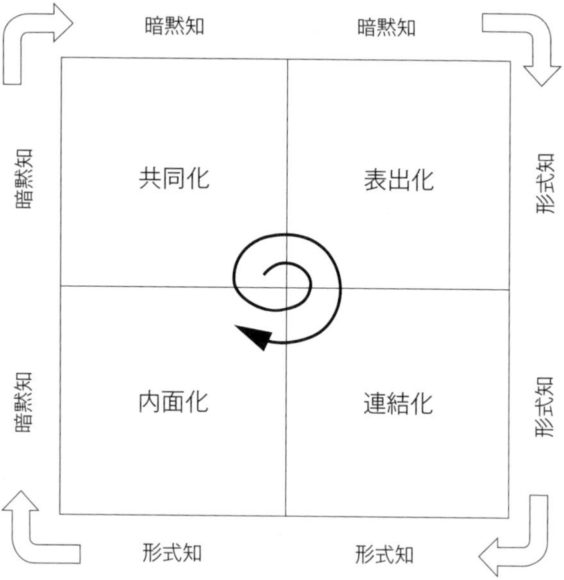

暗黙知　暗黙知

暗黙知

共同化　　表出化

内面化　　連結化

形式知

形式知　形式知

出所：野中郁次郎・紺野登著『知識経営のすすめ―ナレッジマネジメントとその時代』

(筑摩書房、1999年)

ち」として表出化し、形式知にする。形式知となったことに
よって現場をともにしていない人たちにも情報を伝えることが
できる。

　この形式知をやりとりし、結びつけることが連結化になる。個
別の形式知を連携させて新たな「コミュニティの知恵」とする。

　さらに、一人ひとり、個人個人が、コミュニティとして獲得
した形式知を、意識しなくても活用できるようにする内面化が

起こる。

これが現場を基礎に人が育つということだ。

シティプロモーションの各段階は、関与者の成長を可能にするだろうか。

シティプロモーション1.0において、関与者の成長という発想はない。顧客としての人口への対応は、個別的であり、彼らが学び合う現場は、部分的に行われたり、突発的に生じたりする可能性はあるものの、学びのサイクルの一環として、あらかじめ設定されているわけではない。

例えば、移住セミナーや移住体験会などの移住・定住イベントにより、現地での体験ができたとする。しかし、その体験により得た現場の知である暗黙知を、形式知として表現する場は必ずしも用意されていない。

まして、形式知を連携させる連結化の場を設けていることはほとんどないだろう。そうなれば、連結されることによって得られる、進化した形式知を内面化させる機会も起こり得ない。

シティプロモーション1.5では、関係案内所の意義が大きい。関係案内所が的確に整備され、かつ都市部の関係案内所から地域現場へのアクセスが十分に提供され、地域現場での学びが再び関係案内所で連結化される。

そうした構築のもとでつくられた関係案内所があれば、関係案内所に参加することで、地域に関わることになった人々の大

きな成長が期待できる。

　一方で、単に「多様に関係する」だけでは、十分な成長の場があるとは考えられない。ここでも、関係人口という言葉の多義性が、十分な検討にとっては阻害となる。

　シティプロモーション2.0においては、地域魅力創造サイクルの継続した実現が関与者の成長を支援することになる。

　ただし、地域魅力創造サイクルにおいては、SECIモデルでの共同化から始まるのではなく、表出化、それも個人の暗黙知の表出化から始まることに特徴がある。

　個々の参加者が過剰なほど多数の地域の魅力を考え、それを言葉として発散するステージ。これは、個人の暗黙知を形式知にする表出化の場だと考えられる。

　その上で、実際に地域に「みんなでお出かけ」し、個々が表出した魅力を共有し確認する。ここで確認した魅力を基礎に、ペルソナとストーリーという手法で地域の魅力を編集・連結する。

　このようにして、ライフスタイル・ステイスタイルとしてのブランドを構築し、ブランドメッセージ、自治体動画、ブランドサイトなど多様な形でアウトプットすることは、個人の形式知を集団の形式知として昇華することになる。

　ライフスタイル・ステイスタイルとしてのブランドが集団の形式知として連結、提起、アウトプットされる。共創エンジンの担い手たちにとどまらず、地域に多様に関わる人々が、ブラ

ンドのアウトプットであるブランドメッセージ、自治体動画、ブランドサイトなどに触れる、関わる。

　それによって、地域におけるライフスタイル・ステイスタイルとしてのブランドが地域に関わる様々な人々に暗黙知として内面化される。個々の地域ごとに異なる、ワインの美味をそれぞれにつくるテロワールとしてのブランドが内面化される。

　そうした経験をした人々が、地域のブランドをアウトプットするものとしてイベントや「食の場」などを、共創的につくり上げる。

　ここでのイベントや「場」は、新たな関係人口を創造するプラットフォームにもなり得るだろう。

　これによって、地域のブランドに関わる暗黙知は、定住者や地域外から地域に関わる人々にとって共同化される。

　以上により、表出化から始まるSECIモデルが実現することになる。

　シティプロモーション2.0は、地域魅力創造サイクルを主な手法とすることで、学び、成長の場を形成することができる。

　関与者の成長にとっては、関心をともにする連携としてのコミュニティの重なりも重要になる。人はいくつかのコミュニティに属する。その際、それぞれのコミュニティの中心に位置すれば、当該コミュニティに個人的資源を費消することになる。

　コミュニティの中心となり、運営や発展に意を尽くすことは

すてきだ。シティプロモーション1.5における高度関係人口としての地域への関わりとはそのようなものだろう。その現場での成長は期待できる。

　しかし成長のためには、いくつかのコミュニティに属しつつも、そのコミュニティの周縁（端っこ）にいることも悪くない。コミュニティの中心にいては見えないものが、周縁にいることで見えることもあるだろう。端っこだからこそ、そのコミュニティを相対化できることがある。

　その上で、いくつかのコミュニティに重複して関与しつつ、どのコミュニティについても強い関与である「参加」よりも、比較的関与度の低い「推奨」や「感謝」にとどまるという状況もある。

　シティプロモーション2.0では、地域参画総量に「参加」の意欲だけではなく、「推奨」や「感謝」の意欲を含めることに特徴がある。

　複数のコミュニティへの深い参加は難しいが、それぞれのコミュニティを推奨したり、積極的に参加したりしている人に感謝することは、比較的容易だろう。

　こうした、複数のコミュニティに属しつつも、いずれのコミュニティでも周縁的なポジションにいる。そのことに意識的になり、複数のコミュニティをつなげる存在になる。そうした存在によって、地域が交響できる。

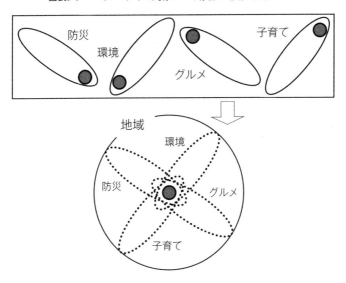

図表5-9　コミュニティの周縁にいる存在が地域を交響させる

　シティプロモーション2.0では、そうした存在が積極的に認められ、関与者として成長していくことが可能だ（図表5-9）。

(13) ブランドの成長

　地域を取り巻く環境は常に変わる。SECI モデルにも見たように、関与者の成長が的確に実現すれば、定住者や地域外から地域に関わる人々の地域についての知恵は深化する。

　そうした変化・深化に応じて、地域のブランドも見直していかなければならない。ブランドは成長しなければならない。

シティプロモーションは、そのようなブランドの成長を支えられるだろうか。

　シティプロモーション1.0におけるブランドとは、多くの場合、地域の認知を獲得する手段、知名度を向上するための仕掛けとしてしか意識されていない。

　本来は地域のライフスタイル・ステイスタイルを示すはずのブランドメッセージも、メインコピーによるアイキャッチのためだけにつくられている例も少なくない。

　シティプロモーション1.5では、高度関係人口の秀でた力によってブランドの成長は十分に可能だろう。もし、その地域が高度関係人口を獲得できれば、いや、高度関係人口がその地域を選ぶことがあれば。

　シティプロモーション1.5では、「関係人口」は地域外に居住するものに限定されている。その結果、高度関係人口、あるいは「地域に多様に関わる人々」による、「当該地域に関係したい」という意欲を引きださなければならない。

　そのためには、まず、振り向かせなければならない。ブランドのアウトプットが往々にして「鬼面人を驚かす」ものとして提起されるのは、この認知の拡大に意を用いるためだ。

　しかし、認知の拡大にとどまらず、関係をつくりたいと思わせるためには、単に「驚かす」だけでは不十分だ。どのような関係を結ぶことのできる地域であるかを示さなくてはならない。

　どの地域でも構わないが、例えば、島根県飯南町に滞在することで、私は何ができるのか、どのように意味のある存在になれるのかを訴求する。そのことが理解できなければ、飯南町という地域、飯南町に住む人々との適切な、関係人口と住民とが互いに満足できる関係をつくることは難しい。

　この結果、シティプロモーション1.5においては、認知獲得にとどまらない関係構築を引きだすブランドの明確化という意識が求められることになる。

　では、シティプロモーション1.5において、ブランドの成長は、どのように可能だろうか。高度関係人口をはじめとする多様な人々による、地域への介入により、「どのような関係を結ぶことができるのか」は変化するだろう。

　以前には求められていた「高度な関係」は、ここまでの介入によって既に充足できていることもあり得る。新たな「高度な関係」が求められ、そうした多様な関係構築によって地域のありようが変わることは十分にあり得る。

　その意味で、シティプロモーション1.5という文脈において、地域としてのブランドは変化し、成長することは十分に考えられる。

　しかし、シティプロモーション1.5の議論では、多くの場合、ブランドの変化、成長は地域の変化に従う、結果的なものにとどまるのではないか。

地域のライフスタイル・ステイスタイルとしてのブランドを
どのように成長させるのかという、「ブランドの成長」を意識
的に実現する議論は見受けられない。

　シティプロモーション2.0では、地域のライフスタイル・ス
テイスタイルとしてのブランドの成長は意識的に企図される。

　共創エンジンを駆動力として、地域魅力創造サイクルを日常
的に回転させることができるならば、ブランドの成長を意識的
に支えることが可能になる。

　既に述べたように、シティプロモーション2.0では、地域魅
力創造サイクルが多発的、継時的に回転することになる。

　一定の時日の経過や、地域内外から地域に関わる人々の取組
みによって、地域にある個別魅力は変化し、追加される。その
ようにして変化し、追加された個別魅力の発散・共有を行い、
それらをペルソナとストーリーを用いて地域ブランドとして編
集する。

　編集結果としてのブランドを、訴求しやすいコンテンツとし
てアウトプットする。さらに、定住者や地域外から地域に関わ
る人々の力を基礎に、地域ブランドの推奨を促進し、地域ブラ
ンドに沿った地域経営のため課題を解決し、魅力を増進させる。

　こうした地域魅力創造サイクルの回転を意識的に行うのであ
れば、地域のライフスタイル・ステイスタイルとしてのブラン
ドは成長する。

　この発散・共有・編集・研磨の各ステージに、定住者や地域外から地域に関わる人々への参加を促すことで、そうした人々の成長を図ることもできる。

　那須塩原市では、ライフスタイル・ステイスタイルとしてのブランドをアウトプットしたものとして、2015年にブランドメッセージを定めた。

　メインコピー・サブコピーは「チャレンジ ing 那須塩原」・「一歩踏み出す人を応援するまち」とした。ライフスタイルを示す意味で重要なボディコピーは「『立ち向かうユウキ』『乗り越える強いココロ』『きり拓くチカラ』僕らは、先人からフロンティア—DNA を受け継いでいる。だからこそ、新しい世界に挑み、チャレンジする人を応援できるのである。」とされた。

　このブランドメッセージは、有志市民が積極的に参加し、地域魅力創造サイクルも踏まえてつくられた。

　しかし、那須塩原市は2018年に再び市民の参画を得て、新たなブランドメッセージを発表する。メインコピーは「エールなすしおばら」、サブコピーが「夢が動き出すまち」となった。

　ボディコピーは「がんばれ、とは言われなかった。私が悩んでいるとき。父は自分の好きなようにしなさい、と言った。母は心配そうな顔で、けれどゆっくり頷いた。隣のおじさんはダイジだ、と笑いながら私の肩を叩いた。向かいのおばあさんは大変だねえ、と美味しいコーヒーを出してくれた。がんばれ、とは言

われなかった。けれど、みんなが応援してくれていた。私は前を向く。このまちのエールが、夢に向かう力になる。」とされた。

わずか3年ではあるが、地域のライフスタイル・ステイスタイルを示すブランドのアウトプットとして大きく進化していることがわかる。

ブランドのアウトプットとして新たに提起された「エールなすしおばら」というブランドメッセージは、言葉だけには終わらない。那須塩原に興味や関心がある人が集まり、那須塩原の魅力を見つけ、伝え、つなげていくことで、そこに携わっている人たちを応援していくコミュニティ、「なすしおばらファンクラブ」の愛称もまた、「エールなすしおばら」となった。

ファンクラブ「エールなすしおばら」は「あなたの那須塩原の魅力、どんどん発信していきましょう！」と呼びかける。定住者や地域外から地域に関わる人々が構成する共創エンジンが実現するブランドの成長である。

(14) 社会的包摂の促進

地域には多様な人々がいる。妊娠している人もいる。育児に追われる人もいる。介護に時間を使う人もいる。高齢な人もいる。貧しい人もいる。身体に障害がある人もいる。精神的に苦しい人もいる。発達に課題を抱えている人もいる。

地域にとって、そうした支援を必要とする人々はどのような

存在なのか。

　社会的包摂、ソーシャル・インクルージョンという言葉がある。すべての人に開かれた社会を意味する。排除ではなく互いに支え合う包摂。重要な考え方だ。

　重要な言葉を述べた。「支え合う」。支えるものと支えられるものが固定化するのではなく、相互性があるということになる。それでは、妊娠している人、育児に追われる人、介護に時間を使う人、高齢な人、貧しい人、身体に障害がある人、精神的に苦しい人、発達に課題を抱えている人、多くは「支援を必要とする人々」と考えられてしまう人々は、どのように「支える側」になることが可能なのか。

　妊娠している人であっても、視力がない方を導くことができる。視力がない人であっても、悩みを抱えている方の相談に乗ることができる。悩みを抱えていても、電車で立つことに不便を感じている高齢の方に席を譲ることはできる。高齢で歩行に不自由がある人でも貧しい人への寄付をすることができる。

　そのようにして、相互が支え合う社会は生きていきやすい、定住者や地域外から地域に関わる人々が持続的に幸せになれる社会だろう。

　シティプロモーションの各段階は、社会的包摂にとってどのような意義を持つだろうか。

　シティプロモーション1.0は、定住人口の獲得のために知名

度を向上させ、行政サービスを訴求する。そこには、サービスを受ける者はいるが、支える人々の存在は見えない。

シティプロモーション1.0にとどまる地域が社会的包摂のことを無視しているというわけではない。シティプロモーションとは異なる視点でインクルージョンを考えていることも少なくないだろう。

しかし、そこには施策の連携、少なくとも施策を支える価値の共有は見られない。それぞれの事業は分断され、別々に行われることになる。タコつぼ化とはそういう意味だ。

個々の事業がそれぞれの専門性によって行われることは当然だ。しかし、それぞれの施策が最終的に何をつくりだすのかという価値の共有がないまま行われる事業には、無駄や齟齬が起きることになる。

シティプロモーション1.5の取組みとソーシャル・インクルージョンにはどのような関係があるか。シティプロモーション1.5では定住人口に加え、関係人口を獲得するために、しまコトアカデミーなどの関係案内所などの取組みが行われる。

先に宿題とした、高度関係人口に選ばれるだけの魅力の訴求手法としての「関係案内所」の役割を答えよう。

『関係人口をつくる―定住でも交流でもないローカルイノベーション』の著者として紹介した田中は、関係案内所を「地域の面白い人やその人に会えるスポット、関わり方を案内する

機能を果たす場所。人と地域が関わりを結ぶことができる場所、地域と関係ができ、仲間と出会うことができる、自分にとっての地域との関わり方を明示してくれる場所」（大意）と述べる。

そこには、支え合いの可能性が見られる。「私は誰を支えられ、誰が私を支えてくれるのか」、関係案内所はそうした関係を見える化する場所でもあるだろう。

関係案内所についての記述には、地域に関わる人々の多様性や、関わり自体の多様性は読み取ることができる。ここから社会的包摂へのジャンプは十分に可能だ。

シティプロモーション2.0は、定住者や地域外から地域に関わる人々の持続的な幸せを実現するために、地域参画総量の向上を目指す。そのために、地域魅力創造サイクル及びメディア活用戦略モデルを用いる。

このことは、すべての人に開かれた社会形成を意味する社会的包摂の実現に何らかの寄与をなし得るだろうか。

地域参画総量の定量化である mGAP の要素に「感謝意欲」が含まれていることに注目する。感謝というハードルの低い、あるいは推奨や参加とは越えるべきハードルが異なる行動は、「支援を必要とする」とされた人々にとっても、比較的容易に実現できる。

既に述べたように、シティプロモーション2.0で追求する

「定住者や地域外から地域に関わる人々の持続的な幸せ」にとって、それぞれの人々が「自らは意味がある存在だ」と認識することは、とても重要となる。

　自らに意味があるという認識は関係性のなかで発見できる。たったひとりで、ただ座っているときに「今の私に意味がある」と考えるためには、豊かな想像力が必要だ。

　しかし、電車でマタニティマークをバッグに付けている女性に席を譲るとき、「今の私に意味がある」と認めることは容易だ。

　そこに「支援を必要とする人々」がいてくれるからこそ「私は意味のある存在」であると認識できる。

　一方で、席を譲られた妊娠している女性が「ありがとうございます」と小声で感謝することによって、譲った人間は自らの意味を確認できる。「支援を必要とする人々」が、「あなたは意味のある存在ですよ」と伝えることで「支援する側」に回る。

　そのようにして「支援」「被支援」という関係は、自らの尾をくわえるヘビ・ウロボロスの姿のように回転していく。支え合いという言葉には、こんな意味も込められるのではないか。

　シティプロモーション2.0は、推奨意欲・参加意欲・感謝意欲を基礎とする地域参画総量の向上を目的とする。そのことによって、いつのまにか互いを支え合う、すべての人に意味があるという社会的包摂を実現する手立てにもなっていく。

第 **6** 章

地域ブランドの
アウトプットを利用した
メディア活用戦略モデル

なんとなく
「シティプロモーション2.0」に
ついてわかってきましたけど…

じゃあ具体的な方法として
どんなのがあるんですか？

それには
まず…

「メディア」を
活用することが
カギなんだ

メディア？

メディアって…
マスメディアとか…
ソーシャルメディア
とか？

マルチメディア
っていうのも
聞いたことあるー

…
マルチメディアは
若干古いな…

たとえば
伊久澤と
大泉は…

二人だけですぐに
友達になったわけじゃ
ないだろ？

え…

あ、ほとりが
間を取り持って
くれたからだよね

簡単に言うと
その繋ぐもの（媒体）が
メディアってことだ

じゃあわたしが
メディアの役割を
してたってことー？

言うなれば
「ほとりメディア」だね

ここでいうメディアとは
「人と情報を繋ぐ」こと

それを駆使して
認知されるように
することが重要だ

人は知らないことや
関心がないことは
調べないからな

まずはそうした人々に
浅く広く「認知を獲得」
することが第一歩だ

でもメディアってそんな簡単に使えるもんなのかなー？

なんか難しそうですよね…

それをうまく誘発させるキーワードが…

バン

「初」（ファースト）
「旬」（トレンド）
「驚」（ギャップ）だ

？

たとえば…

「みのり市ではじめて流行（旬）のタピオカ専門店が驚きの低価格で開店！」という情報があったら？

！？

あーっ　誰かに教えたくなっちゃうよねー

うーん

自分でも「マジ？どこ？」って調べちゃうね

うーん

なるほどー！

つまりこうした誘発キーワードをメディアを通して広めていくことで

これらが「認知獲得」につながる

つまり行政だけで情報を発信するのではなくて…

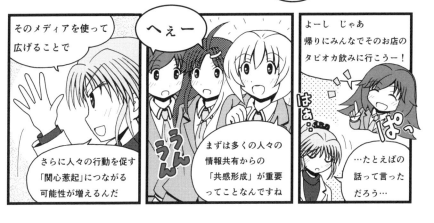

そのメディアを使って広げることで

さらに人々の行動を促す「関心惹起」につながる可能性が増えるんだ

へぇー

うーん

まずは多くの人々の情報共有からの「共感形成」が重要ってことなんですね

よーし　じゃあ帰りにみんなでそのお店のタピオカ飲みに行こうー！

はぁ…

ぷ～

…たとえばの話って言っただろう…

1 関係人口を獲得するメディア活用戦略モデル

ここまで、シティプロモーションの1.0→1.5→2.0の違いについて、基礎概念、主な手法、地域連携、「交響としての地域」という発想への理解、「地域経営」という発想への理解、サービスとブランドの優位性、成果の定量化、地域持続へのロジックモデル、EBPM適合性、自己肯定感、「人口のコスト化」への対応、関与者の成長、ブランドの成長、社会的包摂の促進、という視点から検討してきた。

シティプロモーション2.0も悪くないと思っていただけただろうか。定住人口への偏重から脱し、新たに提起された魅力ある概念である「関係人口」を「関係人口ネクストステージ」として読み直すことで、シティプロモーション2.0は可能になる。

ただ、十分には述べていないこともあった。主な手法として図表5-1に挙げた「メディア活用戦略モデル」と関係人口創出の関係だ。

メディア活用戦略モデルは、図表6-1によって表すことができる。

メディア活用戦略モデルは「前の傾聴」「認知獲得」「関心惹 起」「探索誘導」「着地点整備（信頼確保）」「着地点整備（共感形成）」「行動促進」「情報共有支援」「途中の傾聴」の各フェイズによって成立する。

図表6-1　メディア活用戦略モデル

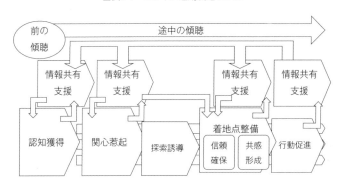

　この一連のフェイズによって、関係人口の獲得、関係人口への成長を実現する。そのための目標と手立てを明確にした戦略的なメディア活用の取組みが、シティプロモーション2.0におけるメディア活用戦略モデルとなる。

　まず、取組みを評価するためには現状を分析することが求められる。また、関係人口に向けた行動を期待するターゲットを分析し、無駄のない取組みを行うことが大事である。これを実現するためのメディア活用が「前の傾聴」である。

　次に、関係人口に向けた行動を期待するターゲットにとどまらず、多くの人々に、地域の存在や地域でのライフスタイル・ステイスタイルを、浅く広く知ってもらう「認知獲得」のためのメディア活用を行う。

　さらに、関係人口に向けた行動を促したいターゲットに対

し、知っているにとどまらない、関わりたいという気持ちを引き起こす「関心惹起」を実現するメディア活用を行う。

この「関心惹起」では、関心を持ったターゲットを、より詳しい情報のある着地点に誘導する「探索誘導」の仕掛けを用意する。

着地点に誘導したとしても、関係人口に向けた行動を促したいターゲットが着地点にある情報・内容を信頼するとともに、情報を発信している人や内容に共感を持たなければ、実際の関係人口に向けた行動は起こさない。

このため、関係人口に向けた行動を促すために必要な「信頼確保」「共感形成」を可能とするメディア活用である「着地点整備」を図る。

「認知獲得」「関心惹起」「着地点整備」「行動促進」では、ハードルを下げる仕掛けとインセンティブ設計により、「情報共有支援」を行う。

メディア活用の対象者が積極的に情報を共有してくれることで、関係人口に向けた行動につながる幅広い「認知獲得」「関心惹起」「探索誘導」「信頼確保」「共感形成」「行動促進」が、より有効に可能となる。

「途中の傾聴」は、各フェイズが的確に機能し、一つひとつ関係人口に向けた行動促進に向けて機能しているかを確認し、十分なPDCAを実現するために行われる。

2　地域ブランドのアウトプットを
メディアとして機能させる

　地域魅力創造サイクルでは、編集ステージにより確認したライフスタイル・ステイスタイルとしてのブランドが、様々な方法でアウトプットされることを確認した。

　ここでアウトプットされたブランドメッセージ、ポスター、フライヤー、自治体動画、ブランドウェブサイト、Facebookページ、ブランドストーリーブック、Twitter アカウント、ライフスタイルブック、イベント、レストランは、いずれもメディアとして活用することが可能だ。

　ただ、メディアといっても同じ顔をしているわけではない。プッシュメディアとプルメディアはだいぶ振る舞いが違う。プッシュメディアは情報を受信者に向けて押しだしていく。情報を押しだし、受信者の背中を押しだす。どこに向けて？　プルメディアに向けて。プルメディアは待っている。詳しい情報を携えて、プッシュメディアに背中を押されてやってくる受信者を待っている。

　人は、知らないこと、関心がないことを能動的に調べることはない。そうした人に知ってもらう、関心を持ってもらうためには、情報を押しださなければならない。プッシュメディアの役割だ。

しかし、プッシュメディアはあまり詳しい情報を伝えられない。詳しい情報は、待っているプルメディアに任せる。

　地域ブランドのアウトプットとしてのメディアにも、プッシュメディアとして振る舞うものと、プルメディアとして働くものがある。この違いは、これから折に触れ考えていこう。

　ちなみにメディアとは、AとBをつなぐもの、媒介するものであり、つなぐことによって、Aを、Bを、AとBの関係を、そして状況を変えるものという意味を持つ。

　では、どのように？

　それらのアウトプットを散在させておいたとしても、関係人口創出に向けて効果的だとはいえない。メディア活用戦略モデルを理解し、活用することで、アウトプットは初めてメディアとして十分に機能することになる。

　事例を用いながら検討していこう。

3　地域ブランドのアウトプットを「前の傾聴」で使う

　「前の傾聴」フェイズは、現状分析とともに、行動を促す対象がどのようなメディアを使い、どこがメディアと接するコンタクトポイントになるかを確認する。さらに、どのような内容に共感するかを分析することが目的となる。

　対象者と同様のセグメントに属する人たちにフォーカスグループインタビューを行い、そこで得た仮説に基づき、アンケートを行う方法などがあるだろう。

　フォーカスグループインタビューにおいて、ブランドメッセージ、特に地域のライフスタイル・ステイスタイルを示すボディコピーを示し、どのような部分に共感するかを尋ねるのもいいだろう。

　例えば、八王子市のブランドメッセージである「あなたのみちを、あるけるまち。八王子」には、「高尾山にも、体力やその日の気分、見たい風景にあわせてえらべるルートがあるように、人生だって、自分にぴったりとあう、好きなみちをえらべたほうがきっと楽しい。都会のにぎわいと自然のここちよさが、バランスよく調和した八王子のまちには、多様な生き方、働き方、学び方、遊び方をえらべる、なんでもそろった環境と、やわらかな風土がある。さあ、このまちであるこう。あな

たらしいみちを」というボディコピーがある。

　このように、地域のライフスタイル・ステイスタイルを示す
ブランドメッセージ、なかでもボディコピーについては、その
言葉への共感度により、関係人口として地域の推奨を期待する
ターゲットになり得るかどうかを確認するメディアとしても用
いることができる。

4　地域ブランドのアウトプットを「認知獲得」に用いる

　次のフェイズとして「認知獲得」がある。認知獲得は、特に行政がシティプロモーションの主唱者となる場合には必須となる。行政は、地域経営においては主権者にとって一般的な代理人として振る舞うことが求められる。

　NPOや民間企業が代理する存在は、必ずしも地域の定住者一般ではない。それぞれのミッションに応じて、代理する存在は異なる。

　そのため、必ずしも浅く広い認知獲得のフェイズを経ずに、行動を促したい対象であるターゲットの関心を惹起するところから始めることができる。

　しかし、行政はその原資を、今の行政の責任者である首長に批判的な人々からも強制的に徴収する強み、見方を変えれば、極めて批判されやすい弱みを持っている。この点に留意し、できる限り多くの人の認知を獲得しなければならない。

　ただし、繰り返すが、この認知は浅く広いものであれば足りる。

　認知獲得では、オウンドメディアと呼ばれる行政自身が管理しているメディアだけでは力不足である。そのためアーンドメディアであるマスコミやソーシャルメディアでのシェアが必要になる。

これらのアーンドメディアを獲得するにはどうすればいい
か。そこには誘発ポイントが必要である。

　オウンドメディアの内容に、日本初のような「ドミナント」
性、既に著名であったりはやったりしているものと重ねること
で得られる「トレンド」性、さらに想定されているものとは大
きく異なる、違和感や驚きのある「ギャップ」性が誘発ポイン
トとなる。

　事例を示そう。例えば、東京都練馬区の「NERIMA
GREEN（ねりまグリーン）」がある。「NERIMA GREEN」は、
練馬区が「みどりと共に写っている練馬区」をテーマに募集し
た2300枚ほどの写真が基礎になっている。

　それらの写真から、みどり色を抽出し、色データをもとに、
練馬区にある絵の具メーカー「ニッカー絵具」と協力すること
によってつくられた5色の練馬区オリジナル色であり、実際に
用いることのできる絵の具にもなっている。

　練馬区が、東京23区で最も高い緑被率を得ていることを考え
れば、「NERIMA GREEN」は、地域のライフスタイル・ステ
イスタイルの一環を示しているともいえるだろう。

　その上で、むしろ重要なことは、区役所と絵の具という
ギャップであり、シティプロモーションとして絵の具を開発す
ることが日本で初めてというドミナント性である。これによっ
て練馬区は、メディア活用戦略モデルにおける「認知獲得」を

実現することができる。

　練馬区の地域ブランドのアウトプットのひとつである「NERIMA GREEN」がオウンドメディアとして提示される。

　このとき、「NERIMA GREEN」がプッシュメディアとして働くことが重要になる。

　練馬区のことを知らない、聞いたことはあっても東京のどのあたりか、どんな暮らしができる場所なのかを知らない。興味もない。そういう人々に、練馬区について気づかせる。練馬区での緑にあふれた生活を思い浮かばせるには、押しだすプッシュメディアが求められる。

　別に欲しくなくてもやってくる広報紙もプッシュメディアだ。ふと目に留まった広報紙に「NERIMA GREEN」という絵の具のことが書いてある。区役所と絵の具、日本初。ギャップとドミナントが読者である区民に押しだされる。

　「NERIMA GREEN」についてマスメディアに情報提供することも、プッシュメディアとしての振る舞いだ。ここでは、「NERIMA GREEN」自体がメディアとして働くというより、「NERIMA GREEN」についてのプレスリリースが記者へのプッシュメディアとして働くことになる。

　その上で、区役所と絵の具を組み合わせたギャップという誘発ポイント、日本で初めての取組みというドミナントによって、マスメディアやソーシャルメディアでのシェアというアー

ンドメディアを獲得している。

Twitter では、「はしび☆ごろう」さんというアカウントが「ココネリの職員さんに訊いてみたところ、ねりまグリーン絵の具の商品化はまだされてなさそう。これ小学校の授業とかで使ったらいいと思う（練馬の子らみたいな）」とつぶやかれていたり、「やん✈」さんが「練馬グリーン、綺麗な色だなぁ(*´∀｀) ちと欲しいかも w」と述べていたりしている。

別の事例もある。八王子市では、地域のライフスタイル・ステイスタイルを示す地域ブランドを表現するものとして「あなたのみちを、あるけるまち。八王子」というブランドロゴをつくった。

JR 東日本と連携し、「八王子」の駅名板の「八」の文字に、ブランドロゴと同じブーツを履かせたことは既に紹介した。このギャップは認知獲得に働く。

Twitter でも、yas（ぢゅん）jun さんが「JR 八王子駅看板『八』長靴はいてたねー＼（^o^）／キュート♪」とツイートしている。

もちろん、「ねりまグリーンがあるから、八がブーツを履いているから、関係意欲が高まる」という可能性は小さい。しかし、この取組みによって、練馬区が自らの魅力を「緑」を鍵として訴求しようとしていること、八王子市が新しい取組みをしようとしていることへの認知は獲得できる。

5　地域ブランドのアウトプットが「関心惹起」を実現する

　「認知獲得」フェイズが多くの人々に浅く広く知ってもらうためのフェイズであったのに対し、「関心惹起」フェイズは、対象を明確に限定して行われるフェイズである。

　そのために、ターゲットが情報に出合うタッチポイントを意識すること、ターゲットが共感し得るコンテンツ（内容）とすることが求められる。

　生駒市では、地域でのライフスタイル・ステイスタイルとしてのブランドを明確化したライフスタイルブック『まんてんいこま』を制作発行している。

　生駒市のシティプロモーションは、高い教育水準・豊かな自然のもとでの子育てを望み、専業主婦もひとつの選択肢とし、地域活動に熱心な子育て中の女性、その配偶者をターゲットにしている。

　既に市内に居住している、そうした人々の地域への関係意欲を高めることを大事にするとともに、市外では地下鉄・近鉄を利用して乗り換えなしで行くことのできる大阪市の難波を中心としたミナミで働く人、居住している人も意欲拡大のターゲットとしている。

　そうしたターゲットを意識したコンテンツとして『まんてん

いこま』は、生駒で暮らす魅力的な人やサードプレイスを紹介する。また、「繋がる」をテーマに、輝いている女性の特集、ワークショップやケータリングを実施しているお店、子ども向け教室の紹介もある。さらに、趣味や子育てを通じてママ同士が自主的に運営している活動や団体なども掲載している。

まさに、ターゲットとする女性が何を求めているかを明確に意識したコンテンツである。

「輝いている」「ワークショップ」「自主的に運営」など、顧客としてのターゲティングではなく、主権者・関与者としてのターゲティングになっていることも重要だ。

このことは、『まんてんいこま』が、市民による生駒市PRチーム「いこまち宣伝部」有志が制作協力していることで、さらに強化される。

さらに、このライフスタイルブックをどのようにターゲットに届けるかというタッチポイントも十分に意識されている。

「関心惹起」フェイズでメディアを的確に機能させるためには、プッシュメディアとしての振る舞いが求められる。十分に振る舞うためには、ターゲットが情報と出会う、そのターゲットならではのタッチポイントへの意識が必要になる。

住宅街の一戸建てを会場に、生駒暮らしの情報交換を目的とした「Styling Party ～生駒を楽しむオトナ女子会～」を開催する。そのホームパーティ風な場で、この『まんてんいこま』

を披露する。

　地域ブランドのアウトプットとしてのメディアについて、どのようなものをつくるのかにとどめず、どのようにつくるのか、そしてどのように使うのかを意識する。

　それによって、関係人口を獲得・形成するためのメディア活用戦略モデルで適切に用いることができる。

地域ブランドのアウトプットを
「着地点整備（信頼確保）」で使う

「関心惹起」フェイズでのメディア活用を行う際に、より詳しい情報がある着地点に迷子にならないようにいざなうフェイズが「探索誘導」フェイズである。フェイズとはなっているが、「関心惹起」フェイズに付属するものと考えて差し支えない。いわば、コバンザメだ。でもコバンザメも無駄にくっついているわけではない。

着地点がウェブサイトなどオンラインにあり、スマートフォンでのアクセスが適切な場合には、探索誘導の仕掛けとしてQRコードなどが有効だろう。

これによって、できる限りストレスを感じさせずに、関心を持ったターゲットを着地点に引き込むことができる。

コバンザメの存在は、くっつかれているウミガメやクジラにとっては何の利点もないようだ。しかし、くっついている探索誘導フェイズは関心惹起フェイズにとって大事な存在になっている。

そのような仕掛けでいざなった、関係人口に向けた行動を期待するターゲットを出迎える着地点が必要になる。そう、「出迎える」。ここで必要なことは、プルメディアとしての働きになる。

情報を探索しにやってきたターゲットを、詳しい情報でしっ

かりと受け止め、役割を果たす。

　プルメディアとしての着地点には2つの役割がある。信頼確保と共感形成だ。

　まず、信頼確保から考えよう。信頼を確保するためには2つの点への留意が必要だ。ひとつは行政など公共性の高いものによる着地点の運営、もうひとつはデータによる裏打ちである。

　事例としては、福岡市が提供しているウェブサイト「Fukuoka Facts データでわかるイイトコ福岡」がある。同サイトには「みんなで魅力発信！」とも記載されているように、シティプロモーションの一環として位置付けられるだろう。

　そこには例えば「カワイくなれるお店が充実！―女性人口に対するサロンの数―」というデータが、親しみやすいイラストとともに記載されている。女性1万人当たりのエステサロンが6.43店と全国21大都市のうちの1位であり、同じくネイルサロンが2位の2.02店であることが述べられている。

　これらの数字については、関連する統計データとしてExcelファイルもダウンロードできるようになっている。

　そのほかにも、病児・病後児保育利用者数が政令市中1位であることが、具体的な2万9126人というデータで示されている（数字はいずれも2020年6月10日確認）。

　「自然がいっぱい暮らしやすいまち」という、ホンワカした、しかし何のインパクトもない言葉に比べ、強い信頼を確保でき

るはずだ。

　こうした取組みに関連して、オープンデータカタログをシティプロモーションに連携させる可能性についても考えたい。

　オープンデータカタログとは、誰でも許可されたルールの範囲内で自由に複製・加工や頒布などができる形で公開されたデータの一覧を意味する。

　地域のライフスタイル・ステイスタイルとしてのブランドを示すデータを、このオープンデータカタログから探しだし、必要に応じて加工し、示すことが、ブランドのアウトプットにつながっていく。

　その点で興味深い試みに、シビックパワーバトルというイベントがある。シビックパワーバトルは「まちの魅力を発信するために、オープンデータなどを利活用し、今まで埋もれていた、または知らなかったまちの魅力を発掘し、お互いの自治体が切磋琢磨を行うしくみである」とされる。

　シビックパワーバトルは多くの地域で行われ、2018年には静岡県浜松市で、大津市、郡山市、武雄市、千葉市、奈良市、日南市、浜松市、福岡市、三重県、室蘭市の参加により行われた。

　この試みが、個別的なデータの優劣比較にとどまらず、地域のライフスタイル・ステイスタイルを示すストーリーにひも付けながら実現できるのであれば、まさに共創エンジンによる地域の編集を、データを重視して行われるものだと考えられる。

7 地域ブランドのアウトプットを「着地点整備（共感形成）」で使う

　公共性とデータが着地点整備（信頼確保）の基礎であるのに対し、着地点整備（共感形成）にとって必要なものは、人間であり、ソーシャルである。ここでのソーシャルは社会というより社交、つまり人間関係と考えることがわかりやすいだろう。

　冷たいデータは確かに信頼を生む。しかし、信頼だけでは、次のフェイズである行動促進には進みにくい。「確かにそのとおり」というだけでは、腕を組んで納得しているだけで終わりそうだ。

　「こんな笑顔の人がいる」「このまちで一生懸命に希望を実現している人がいる」「楽しそうに語り合っている姿がある」「額に汗して頑張っている人たちが力を合わせている」。

　そうしたことが「人間が見える」ということであり、ソーシャルということだろう。冷たい頭だけでは気持ちは動かなくても、胸が熱くなることで次の一歩を踏みだすことは十分に考えられる。

　尼崎市の事例を挙げよう。尼崎市は既に述べたように、シティプロモーションの成果指標として、地域参画総量を参考にした「あまらぶ指数」を用いている。

　尼崎には、地域のブランドをアウトプットしているウェブサ

イト「尼の國」がある。トップページには地域のライフスタイル・ステイスタイルを示す言葉として「ごきげんさんに暮らすまち」がある。

この「ごきげんさんに暮らすまち」という、切り絵風のフォントによる文字は、2020年1月には、まさに共感をつくる「人間が見える」「人と人との関係が見える」動画を背景にして表示される。

多様な国籍を持つだろう、髪の色や肌の色、目の色が異なる人々がともに吹奏楽を演じる姿。高校生たちが「頑張るぞ」というように腕を挙げる姿。真剣に金管楽器を吹く女性。

「尼ノ國」のリンク先には「尼ノ民」というページもある。

そこには、「『ただいま』と言いたくなる塚口の食堂」として、多世代の人々が集まるアリクイ食堂を営む吉井佳子さんの日常が多くの写真によって表現されている。

また、「家では朝6時に夫に起こされ朝食をつくり、お店で昼と夜の定食をつくり、日付が変わるころに帰宅。『一日中ずっとご飯つくってます』と苦笑いをする」吉井さんが、地域の人々の支えでアリクイ食堂を維持している物語も書かれている。

そして、この吉井さんの姿や物語を書き、写真を撮ったのは、「尼ノ物書キ組」に所属する立花莉絵子さんだ。

尼ノ物書キ組は、尼ノ國への記事掲載を中心に、「尼崎のス

ポット・お店・活動・人物など、様々なものごとを取材し、記事にするコミュニティ（アマ集団）のこと。3ヶ月間（月に1度、計3回）の講座で、ライター・カメラマンとしての基本を学び、まちに繰り出していきます」と紹介されている。尼崎という地域のブランドを推奨する研磨のフェイズを担っているということもできるだろう。

尼ノ民には、まだまだたくさんの尼崎に関わる人々のストーリーが満ちている。まさに尼崎のライフスタイル・ステイスタイルを示すブランドへの共感を形成するすてきな着地点になっている。

8 地域ブランドのアウトプットを 「行動促進」に役立てる

　メディア活用戦略モデルの次のフェイズは「行動促進」フェイズだ。このフェイズが機能して、初めて関係人口の創出・成長が実現する。シティプロモーション2.0の目的である地域参画総量を増大させることが可能になる。

　「行動促進」フェイズにおいて必須の条件に、インセンティブの設計がある。

　実は、信頼形成の着地点としての可能性を提起したシビックパワーバトル、共感形成の機能を果たす着地点「尼の民」は、行動促進の機能も持っている。

　そこには、行動促進フェイズにとって重要なインセンティブが設計されている。

　シビックパワーバトルは、インセンティブ設計にとって有意義なゲーミフィケーションの仕掛けが取り入れられている。

　ゲーミフィケーションとは、ゲームの要素である、「参加を容易」にした上で「競争・協力」の仕組みをつくり、達成感、心理的報酬などを組み込んで、意欲を高める手法をいう。

　シビックパワーバトルは、既存のデータを組み合わせることで、まちの力を示す。高校生たちが寸劇めいたパフォーマンスでデータを紹介する事例もある。それほどにハードルが高いわ

けではない。

　競争・協力の仕組みはいうまでもない。まさに「バトル」。戦場で勝つためには、協力して競争しなければならない。バトルが終われば勝利による達成感や心的報酬もあるだろう。敗れたとしても、ともに戦ったという達成感はある。

　このシビックパワーバトルの目的は、実のところ、参加した地域のどこが優れているのかを判定することではない。そのことは、シビックパワーバトルを運営するグループがシビックパワーアライアンス＝「地域の力の連携」という名称を持っていることからも明らかだ。

　定住者や地域外から地域に関わる人々が、データに基づいて地域を考える、どういう点が優れているのかを見つける。まさに地域の当事者をつくり、地域の推奨者をつくりだし、関係人口として成長するための取組みだ。

　尼崎市の「尼ノ民」は、地域に関わる人を紹介する場所でもあるが、それ以上に、地域に関わる人を「褒める場所」でもある。アリクイ食堂の吉井さんの毎日を、しっかりとした事実を基礎に褒める。

　吉井さんは、尼崎市にとって、さらに強い力を持った関係人口となるはずだ。

　シティプロモーション2.0には、定住者や地域外から地域に関わる人々を「褒める場所」、言い換えれば、インセンティブ

を付与する着地点であるシティプロモーションメディアが必要
だ。もっともっと、地域に関わる人を褒めよう。褒める場所を
用意しよう。

　的確な運用を行えば、その「褒める場所」が、ライフスタイ
ル・ステイスタイルを示す地域ブランドのアウトプットとして
成立する。

　図表6-1のメディア活用戦略モデルをもう一度見直してほし
い。「行動促進」フェイズは「着地点整備」フェイズに付属し
ていることがわかるだろう。

　着地点を適切に整備するとは、そこに何らかの形で「褒める
仕組み」を用意し、行動を促すことを含む。そのことを忘れな
いでほしい。

9　地域ブランドのアウトプットを「情報共有支援」につなげる

　図表6-1のメディア活用戦略モデルで、「情報共有支援」フェイズはちょっと変わった位置にある。認知獲得・関心惹起・探索誘導・着地点整備・行動促進の各フェイズが横に並んでいたのに、情報共有支援は各フェイズの上に置かれ、しかもひとつではなくいくつもある。

　そう、情報共有支援は各フェイズと並行し、各フェイズで行われることが必要だ。また、注意しておくことがある。「情報共有」するのは、行政などのシティプロモーションの主唱者ではなく、情報の受け手だ。だから「支援」。受け手による積極的な情報共有が、各フェイズをさらにパワーアップさせ、行政などの主唱者の仕事を減らすことにもなる。

　「認知獲得」フェイズでは、ドミナント、トレンド、ギャップという誘発ポイントがあれば、情報共有の支援になる。NERIMA GREEN についてツイートされた理由だ。

　関係人口としての意欲の向上・行動の実現を促したいターゲットに情報共有をしてもらうために必要なことは何か。ここで使える考え方に、行動経済学を基礎にした「ナッジ」というものがある。

　ノーベル経済学賞を受賞したリチャード・セイラー教授が提

唱したものである。しかし、本書では簡単に考えてしまおう。

nudge（ナッジ）という英単語は、「ちょっと肘でつつく」という意味だ。隣に並んでいる彼氏か彼女に「ねぇねぇ」とするもの。「こっち向いて」とか「あれ、欲しい」とかいうときに使う技。そして、ナッジは「小さなきっかけで、人々の行動を変える」という意味になる。

腑分けしてみると、ハードルを下げる仕掛けと心理的なインセンティブが条件になるだろう。ちょっと肘でつつかれただけで500万円の宝石を買ってあげるというのは、よほどのセレブしかいないだろう。つまり、500万円の宝石を買うことは、ビリオネアの彼・彼女にとっては、十分にハードルが低い。

それぞれのターゲットにとって、どのようにすればハードルが下がるのかを十分に考える。スマートフォンを持っているという時点で、情報共有のハードルはなかなかに下がっている。だからこそ、「情報共有支援」フェイズではナッジという考え方が通用しやすいということになる。

しかし、それだけにとどめず、スマートフォンプラスアルファを考えて、さらにハードルを下げる。情報の受け手にわざわざTwitterのアプリを立ち上げさせるのではなく、各ボタンをタッチするだけでTwitterやLINE、Facebookが利用できるようになるソーシャルボタンという仕掛けもある。

その意味では「Fukuoka Facts データでわかるイイトコ福

岡」は残念だ。「あっ、おもしろいデータだな、誰かに教えよう」と思っても、そこにはソーシャルボタンも、情報共有を支援する仕掛けもない。すると、忘れてしまう。

　その点、「尼ノ民」はよく考えられている。尼崎で地域のライフスタイル・ステイスタイルを表現するように、暮らしている人々のストーリーの最後に「ツイート」というボタンがある。このボタンにタッチすると、Twitter のツイート枠に、記事の URL とタイトルがコピーされて立ち上がる。情報共有のハードルを下げる仕掛けだ。

　ナッジを実現するには、ハードルを下げるだけではなく、心理的なインセンティブも必要だ。これも、情報共有したら世界一周旅行をプレゼントというほどのインセンティブじゃなくていい。ちょっとうれしいことで十分だ。

　タピオカミルクティを飲もうとしていたら、彼女に「ねぇねぇ」と肘でつつかれて、「はい。どうぞ」とあげたら、とびきりの笑顔で「ありがと」といってくれた、という程度のインセンティブでいい。

　ここで再び、心理学者のマズローに登場してもらう。欲求5段階説。そのなかでも高次の欲求。「力を発揮したい」「認められたい」「仲間と関わりたい」。

　そうした欲求、それもごく軽いものでいいから、満たすことのできる仕掛けを用意する。「地域のブランドメッセージの

ハッシュタグ付きで、Instagram をアップしてください。アップされた写真を、シティプロモーションウェブサイトに、皆さんの写真と一緒に掲載させていただきます」というのも、インセンティブだ。

「力を発揮したい」「認められたい」「仲間と関わりたい」、そんなインセンティブを用意することで情報共有の支援はできる。

「関心惹起」フェイズで、この「情報共有支援」を発動させ、Instagram でアップされた、地域のライフスタイル・ステイスタイルを表すブランドメッセージのハッシュタグ付きの写真。これらをブランドメッセージのハッシュタグで検索してもらえるとどうなるか。

そこには、多様に地域のライフスタイル・ステイスタイルを表現した写真が集まっている。どこかの有名写真家ということではなく、ましてや行政担当者による写真ではなく。そこには、様々な「人の思い」があふれる。「共感形成」を可能とする「着地点整備」だ。

行政などのシティプロモーション主唱者が頑張って情報を発信するのではなく、多くの人々が、それぞれのちょっとした喜びで情報を共有する。その表れが、地域のライフスタイル・ステイスタイルを示したブランドへの共感をつくりだす。

10　地域ブランドのアウトプットが機能しているか「途中の傾聴」を行う

　メディア活用戦略モデルを実現するために残った最後のフェイズは、「途中の傾聴」だ。各フェイズが的確に働いているかを確認するフェイズとなる。

　最終的な、関係人口としての意欲向上や行動への期待が実現したかどうか、それだけを確認するわけではないことに気を留めてほしい。

　まず「認知獲得」フェイズが機能しているか。

　NERIMA　GREEN が、あるいは NERIMA　GREEN によって示されている練馬区のライフスタイル・ステイスタイルが、どれほど知られているかを確認することになる。

　アンケートをとってもいいし、ソーシャルヒアリングということで、Twitter で「NERIMA　GREEN」「ねりまグリーン」「練馬グリーン」を含むツイートがどれだけあるのかを確認することもできる。

　ソーシャルヒアリングでは Twitter など SNS を用いている人たちのなかでの認知であり、認知＋情報共有を確認していることになるが、大きな変化を確認するにとどめるのであれば有効だ。

　「関心惹起」が十分にできているのかを調べるためには、

ターゲットを十分に設定できているのかということが前提となる。

　生駒市では、高い教育水準・豊かな自然のもとでの子育てを望み、専業主婦もひとつの選択肢とし、地域活動に熱心な子育て中の女性、その配偶者をターゲットとする。

　そうであれば、そのターゲットが、ライフスタイルブックをどれほど見たことがあるのか、それによって、生駒のライフスタイルを十分に把握しているかを、市内在住者にとどまらず、大阪ミナミに勤務・在住している人々に確認することが求められる。

　ひとつの方法に、「前の傾聴」でも用いたフォーカスグループインタビューがあるだろう。先のターゲット要素を持つ人々に集まってもらい、関心惹起で利用した地域ブランドのアウトプットとしてのメディアについて、その存在、内容などについて深掘りしたインタビューを行う。一方的なインタビューにとどまらず、参加者同士の意見交換から見えてくる知見もあるだろう。

　あるいはデプスインタビューということで、1人の対象者に、質問を深めていきながら回答を得ていく方法もある。時間として2時間近くかかることも珍しくない。デプスインタビューの場合、1人だけに聞いて終わりではなく、何人かとのインタビューを設定することが望ましいだろう。

　グループインタビューでは十分な成果が得られない場合など
は、この方法も考えられる。

　さらに、行動観察調査（オブザベーション調査）と呼ばれ
る、ターゲット属性を持った人々にインタビューするのではな
く、実際の行動を観察することで、調査を行う方法もある。

　「何を大事にしているのか」「どんなことが気にかかるのか」
「メディアに触れたときにどんな反応をするのか」などは行動
を観察したほうがよくわかることも多い。

　そう考えると、生駒市で開かれた「Styling Party 〜生駒を
楽しむオトナ女子会〜」の戦略性は明らかだ。既に述べたよう
に、Styling Party は、関心惹起のメディアであるライフスタ
イルブック『まんてんいこま』を披露する場としても位置付け
られる。

　それだけではなく、「途中の傾聴」という視点からは、グ
ループインタビューやオブザベーション調査の場としても活用
可能になっている。

　「着地点整備（信頼確保）」フェイズはどのように「途中の傾
聴」をすればいいか。

　ウェブサイトを用いるのであれば、サイトでのアクセス解析
は意義を持つ。もちろん、アクセス回数だけを確認しても十分
な「傾聴」はできない。

　例えば、無料で利用できる Google アナリティクスという

サービスでは、ユーザー属性やページビューなど多くの解析が可能だ。そのなかに、直帰率というものや平均セッション時間というものがある。

　直帰率とはウェブサイトへの訪問のうち、サイト内でその1ページしか見ずに、そのままサイトから出た比率だ。平均セッション時間は、ページへの訪問者が訪問してから離脱するまで、どれだけの時間サイトを閲覧したかを示している。

　この２つを組み合わせるだけでも、「着地点整備（信頼確保）」が有効に機能しているかどうかを推察することができる。

　直帰率が極めて高い95％だとすれば、地域ブランドのアウトプットとして信頼確保を期待されているメディアは、的確に働いていることになるだろうか。イエス又はノーだ。

　そんなの、当たり前だよ。どちらかしかない。結局わからないってこと？

　そう、直帰率だけではわからない。もうひとつ、平均セッション時間を調べる。平均セッション時間が0.5秒だとすれば、そのメディアは着地点として機能していない。やってきたけど、わからないからすぐ帰るということだ。

　しかし平均セッション時間が15秒だとすると望みはある。直帰率が高いということは、サイト内の他のページに飛んでいないということ。他のページにも飛ばずに、そのページだけで平均15秒もとどまっている。ある程度の人は相当じっくりと読ん

でいることになる。信頼確保にとって悪くない話だ。

　もちろん、アクセス解析だけで「着地点整備（信頼確保）」フェイズについての「途中の傾聴」が果たされるわけではない。サイト内でのアンケートやアクセス経験のあるターゲットに当たる人々へのグループインタビューも意義はあるだろう。

　しかし、着地点がウェブサイトであれば、アクセス解析は簡便かつ即時性のある「途中の傾聴」として十分に意義を持つ。

　「着地点整備（共感形成）」フェイズはどのように「途中の傾聴」をするか。ここは、「情報共有支援」フェイズにも関わる。

　十分な情報共有支援の仕掛けがある、つまり、「ねぇねぇ」と肘でしっかりつついていると考えられるにもかかわらず、「着地点整備（共感形成）」フェイズを担うメディアからの情報共有がない。この状況では、ターゲットの共感は形成されていない。

　尼崎市のライフスタイル・ステイスタイルを示す地域ブランドのアウトプットである「尼ノ民」というメディアには、情報共有支援の仕掛けは備えられている。

　しかし、さらにもう一歩を求めるなら、Twitter ボタンへのタッチ後に立ち上がるツイート枠に、特有のハッシュタグがあらかじめ記述されているという工夫があってもいい。そのハッシュタグを検索することで、どれだけのシェアがあったのかを確認しやすくなる。

にもかかわらず、もしも、シェアが全くされていないのであれば、共感形成には成功していない可能性が高いということだ。残念。もう一度、やり直し。

　着地点での情報共有を促す仕掛けをつくり、工夫する。これによって、行政などのシティプロモーションの主唱者による情報発信を補う。それだけではなく、「途中の傾聴」フェイズを的確に機能させることにもつながっている。

　「行動促進」フェイズについての「途中の傾聴」は改めて述べる必要もないだろう。関係人口としての意欲・行動を期待するターゲットで、どれだけの人が実際に意欲を持ち、行動をとったのかを確認すれば足りる。

　この際にも、地域参画総量の要素である修正NPSを活用することが有効だろう。意義のある定量化が可能だ。

おわりに
―地域に関わる人々の持続的な幸せの実現に向けて

　本書では、関係人口という言葉に関わりながら考え方を述べてきた。関係人口という発想は重要だ。一定の地理的範囲のなかに住む人々や、外から関わる人々の持続的な幸福を実現するために、その一定の地理的範囲を「地域」として形成し、維持し、発展させること。それを「地方創生」と呼ぶかは措くとして、そのために関係人口という考え方は有効である。

　一方で、危惧もある。関係人口という言葉が「都合のいい言葉」になろうとしている。自分たちの利益につながることを行うために「関係人口」といえば、何かしている、何か考えているように見える。

　その意味では、地方創生という「都合のいい言葉」とは、いいコンビなのかもしれない。

　しかし、関係人口という大きな可能性を持つ言葉を、都合のいい言葉として消費し、食い散らかすことはもったいない、もったいなさすぎる。

　「関係人口とは何か」さえも十分な共有もなく不明確なまま、各地域における関係人口の創出・拡大が語られる。「その関係人口というものが創出されると何が起こるのか」について、わずかな事例と不明確な期待しかない、十分な定量化に基づいた

論理的な納得が得られないまま、またぞろ、お金だけが動く。

　何年か前に、あるいはこれまでずーっと行政の現場で見てきた風景がそこにある。誰も成果についての責任をとらなくていい。とにかく何かはやった。うまくいったかどうかはわからない。仕方がない。そんな簡単に結果は出ないから。そういうために肝心の言葉をあえて曖昧なままにしていると考えるのは、さすがに邪推だろう。

　邪推だろうか。単なる怠惰だとすれば、さらに悲しい。

　本書では、まず第1章で、現在「関係人口」と呼ばれているものを批判的に確認した。その上で、地域連携を可能にする「ゆるさ」を重視しつつ、関係人口創出・拡大の結果に的確に責任をとる、言い換えるなら、成果を上げた取組みを積極的に褒めるための「関係人口」の定量化への提案を行った。

　その際に2つの思考を止揚（アウフヘーベン）することを目指した。

　ひとつは、「関係人口は数ではない、質の問題だ」という言葉に端的に示されている、「なぜ関係人口が地域の持続にとって重要なのか」という質問への解を、計測可能な定量化によらず、具体的なエピソードから引きだそうとする思考。

　もうひとつは、関係人口1000万人という、ロジックを持たないまま遮二無二進める定量化の思考。これは定量化といいつ

つ、バスケットボールでいえば、ゲームの勝敗とは無関係に、どれだけシュートを試みたかを、ただひたすら数えているようなものだ。ひょっとするとシュート企図数ではなく、選手の入れ替え数をむやみに数えているのかもしれないが。

本書が第2章において、結果として提起したものは、関係人口をネクストステージに押し上げ、関係人口を地域外居住者に限定せず、定住者にも関係人口と非関係人口がいることを前提とした、修正地域参画総量指標（mGAP）を、関係人口の定量化に用いるという発想だ。

mGAPは、ある地域に対する3つの意欲を関係意欲として位置付け、それぞれの意欲の「質」を基礎に数値化される。そこには「質」への注目と、「定量化」の可能性がある。

第3章で、本書は、こうした関係人口ネクストステージ、つまり定住・非定住にこだわらず、地域への関係意欲を高めた人を創出・拡大するための場として、國領・飯盛・田中・木津の各氏が言及するプラットフォームに注目した。

その上で、各地域のライフスタイル・ステイスタイルの差別的優位性に着目した地域ブランドを、構築・マネジメントするダイナミックな取組みである地域魅力創造サイクルが、プラットフォームとして機能することを明らかにした。

本書にとって最も重要な章が第4章である。この第4章によって、意欲が状況をつくり得るということが明らかになっ

た。

　修正 NPS という手法で「意欲の質」に注目して数値化した
mGAP が、関係人口の定量化になぜ適切であるのかを明確に
示すことができたと考える。

　第5章では、私の専門領域であるシティプロモーションに引
きつけて、関係人口を検討した。シティプロモーションという
言葉もまた多様である。

　この章では、関係人口をどのように捉えるかという視点か
ら、シティプロモーションを1.0、1.5、2.0と区分し、明確化
を図った。その点を踏まえ、1.0、1.5、2.0それぞれの違いに
ついて、14の軸から検討を加えた。

　これによって、どのようなシティプロモーションが地域に関
わる人々の持続的な幸せを実現できるのかが理解できると考え
る。

　第6章は、個々の人々の関係意欲を創出・拡大するために必
要なものとして、地域のライフスタイル・ステイスタイルとし
てのブランドに改めて注目した。

　ここで着目するものは、地域魅力創造サイクルの編集ステー
ジから生まれる地域ブランドを示すアウトプットである。この
アウトプットがメディアとして十分に戦略的・段階的に機能す
ることで、人々の関係意欲を創出・拡大する。

　そうしたメディアとしての地域ブランドのアウトプットをメ

ディア活用戦略モデルという視点から検討することで、地域に関わる人々の持続的な幸せをどのようにつくりだすのかを検討した。

これからも「関係人口」をめぐる議論や実践は数多く行われていくだろう。そのとき考えておいてほしいことを最後に述べる。本書で述べたことから引きだせることもある。本書では十分に触れられなかったこともある。

この16の羅列が、「関係人口」の未来に向けての小さな道標になればうれしい。

① 「関係人口」という存在を「定住でもない交流でもない多様な関係」などと曖昧に考えない。

② 「関係人口」という存在を、強いけん引力を持つもの、刺激剤として意義あるもの、幅広い土台として機能するもの、一時的に関係するもの、持続的な関係が期待できるものなど、しっかりと区分、分析して考える。

③ 上記を踏まえ、今、この地域で求められる「関係人口」とはどのような存在なのかということを認識して事業を進める。

④ つまり、「関係人口」という「便利な言葉」で仕事をしない。

⑤ エピソードで終わるのではなく、できる限り定量的なデータで語る。

⑥　「関係人口創出」は中間アウトカムにしかすぎない。それぞれの取組みが、なぜ、当該地域に関わる人々の、自己肯定に基づく「幸せ自認」につながるかのロジックを、多段階で明らかにする。

⑦　「『関係人口』を創出しました」で語り終えるのではなく、それによる地域の進化・深化を語る。

⑧　地域を行政域で考えず、「関係人口」が影響を与えられる範囲での、より小さな地理的範囲で画定する。これにより、的確な取組みになり、成果が見えやすくなる。

⑨　「関係人口」となる人々が、地域でスポイルされず、自らを意味ある存在として認識できる仕組みをつくる。

⑩　このためには、地域側に、「関係人口」に呼応できるだけの「熱をもったしなやかな土台」を時宜に応じて構築する。

⑪　内外からの「関係意欲」を産出するために、地域の弱み、行政の弱みをしっかり認識し、方向性を持って提起する。

⑫　地域の弱みを少子高齢化とかいう決まり文句で語らない。

⑬　地域の弱みを、現状と「ブランドとしての地域のライフスタイル」との齟齬だと考える。

⑭　そのためにも、自らの地域で期待できる【可能態として

　の】ライフスタイル・ステイスタイルをブランドとして提
　起する。

⑮　「関係人口」は地域外にいるという発想ではなく、地域
　内にも「関係人口」がいることを十分に認識する。

⑯　「関係案内人」は重要だが、「関係人口」と切り離すので
　はなく、「関係人口」のひとつのありようと考える。

　本書の初稿執筆後、世界は新型コロナウイルスに襲われた。
その際によく使われた言葉に「不要不急」というものがある。
Google での検索頻度を示す Google Trends によれば、2020
年３月22日から28日の週には、2019年10月から2020年１月まで
の各週に比べ100倍以上の検索があったことがわかる。さて、
シティプロモーションは、その不要不急に当たるのだろうか。

　シティプロモーションを単に知名度向上の手段とするなら
ば、「このご時世に、それどころではない。不要不急の最たる
ものだ」という答えになるだろう。

　しかし、シティプロモーションとは、単なる知名度向上では
なく、様々な機会を捉えて地域に関わる人々の地域推奨意欲、
地域参加意欲、地域感謝意欲を向上させる取組みだ。そう考え
れば、それぞれの地域から地域内外に向けた、新型コロナウイ
ルスに関わる多様な情報発信もまた、シティプロモーションと
しての意味を持つことになる。

「外の人間は来ないでくれ。来られたら迷惑だ」とだけいって終わるのか、「いつもありがとう。あなたの気持ちを信じている。今は会えないけれど、会えるようになったら、もっと楽しく」と述べ、地域外からの非訪問の支援を積極的に受け入れる仕掛けをつくるのか。それによって、地域への推奨意欲、参加意欲、感謝意欲を高める工夫に意を用いるのか。

私は、2020年6月に全国の500人に対して緊急のウェブアンケートを行った。そこでわかったことがある。新型コロナウイルスがまん延する以前に、ある地域を何度も訪問していたからといって、その地域で新型コロナウイルスにより困窮している人々への支援に積極的になるわけではない。

しかし、訪問の回数に関わりなく、ある地域を推奨する意欲が高い人ほど、その地域で困っている人々に地域外から積極的に支援を行っている。シティプロモーションが地域内外からの地域推奨意欲、地域参加意欲、地域感謝意欲を高めることができるなら、私たちは危機を乗り越える、細くとも強いしなやかな杖を持つことができるかもしれない。

本書は多くの人々の力によって上梓できた。第一に挙げるべきは、本書の水先案内を買ってでてくれたこばやしたけしさんである。こばやしさんの問題意識に触発される部分は大きい。そして、本書の編集者である和久井優さん、和久井さんを引き継いでくれた西島理津子さんには「本当にありがとう」と伝え

たい。彼女たちの辛抱強い支援や激励がなければ、本書が読者
の前に現れることはなかっただろう。そして、東海大学・河井
ゼミナールの学生メンバーたち、多くの意見交換によって本書
の基礎はつくられた。君たちの力が私の背を押してくれている。

　本書は、公共コミュニケーション学会、日本広報学会での議
論、そして研究発表に多くを負うている。感謝する。

　また、本書の成果の一部は、2018年度科学研究費助成事業基
盤(C)「地方創生戦略における成果指標の提案—地域プロモー
ションの視点から—」による研究支援により達成できた。ここ
に深く謝意を示したい。

そういえば

大泉はなぜ将来
こうした仕事を
したいと思ったんだ？

私はここに10年ぶりに
戻ってきた転校生で…

小さい頃この街に
住んでいた時の記憶は
少ないですけど…

いづみ6さい

帰ってきて
感じたのは…

えーっと…

みんなと出会って
地域活性研究部を
作って

街の記憶や
未来を考える
ようになって

みんなと一緒に
楽しく過ごすことで

この街が大好きになった…

だから

この街に
感謝したい

そんな
想いから

…
いづみ…

うん

いいこと言うねー
やっぱ結局は人の繋がり
ってことなんだよねー

他の地域の人にも
この街の
シティプライドを
伝えたい、

そう思ったから
なんですよね

す…

著者紹介

河井　孝仁（かわい　たかよし）
東海大学文化社会学部広報メディア学科教授

［略歴］
博士（情報科学・名古屋大学）
静岡県庁入庁。静岡県庁企画部情報政策室、財団法人静岡総合研究
機構派遣等を経て、2010年より現職。総務省地域情報化アドバイ
ザー、公共コミュニケーション学会会長理事、日本広報学会常任理
事、社会情報学会理事、日本広報協会広報アドバイザーなどを務め
る。静岡県富士市、栃木県那須塩原市、長崎県五島市、東京都八王
子市など多数の自治体のシティプロモーションに関わる。

［主な著書］
『シティプロモーション　地域の魅力を創るしごと』（2009年、東京
法令出版）
『シティプロモーションでまちを変える』（2016年、彩流社）
『ソーシャルネットワーク時代の自治体広報』（編著）（2016年、ぎょ
うせい）。
『「失敗」からひも解くシティプロモーション―なにが「成否」をわ
けたのか』（2017年、第一法規）など多数。

こばやし　たけし
スタジオアットテイク代表

［略歴］
秋田市在住　漫画家・イラストレーター
2010年、イラスト、マンガ、キャラクターデザイン制作事務所「スタジオアットテイク」を設立。2013年より「地域活性化」「地方創生」をテーマとしたほのぼの系社会派４コマ漫画「地方は活性化するか否か」をウェブにて連載開始。「秋田弁！単語カード」をはじめとする「ことばのおみやげプロジェクト」企画や内閣官房まち・ひと・しごと創生本部「そうだったのか リーサスでわかる私たちの地域」の制作に関わる。

［主な著書］
『はじめての秋田弁』(2010年、無明舎出版)
『あきたをおしえて！！』(2012年、くまがい書房)
『地方は活性化するか否か』(2015年、学研プラス)
他に学習誌漫画の連載や新聞コラム連載も手掛ける。

サービス・インフォメーション

────────────────────────── 通話無料 ──

①商品に関するご照会・お申込みのご依頼
　　　　TEL 0120(203)694／FAX 0120(302)640
②ご住所・ご名義等各種変更のご連絡
　　　　TEL 0120(203)696／FAX 0120(202)974
③請求・お支払いに関するご照会・ご要望
　　　　TEL 0120(203)695／FAX 0120(202)973

●フリーダイヤル(TEL)の受付時間は、土・日・祝日を除く
　9：00〜17：30です。
●FAXは24時間受け付けておりますので、あわせてご利用ください。

「関係人口」創出で地域経済をうるおすシティプロモーション2.0
─まちづくり参画への「意欲」を高めるためには─

2020年8月10日　初版発行

著　者　河　井　孝　仁

発行者　田　中　英　弥

発行所　第一法規株式会社
　　　　〒107-8560　東京都港区南青山2-11-17
　　　　ホームページ　https://www.daiichihoki.co.jp/

シティプロモ2　ISBN978-4-474-07276-3　C0036　　(9)